荆楚开发区巡礼

JINGCHU KAIFAQU XUNLI

湖北日报传媒集团 编

40

1978—2018

当代中国出版社
Contemporary China Publishing House

2018年 · 北京

图书在版编目（CIP）数据

荆楚开发区巡礼 / 湖北日报传媒集团编. -- 北京：当代中国出版社, 2018.12

ISBN 978-7-5154-0893-4

Ⅰ. ①荆… Ⅱ. ①湖… Ⅲ. ①改革开放－成就－湖北 Ⅳ. ①D619.63

中国版本图书馆CIP数据核字（2018）第274477号

出 版 人　曹宏举
策划编辑　聂文聪
责任编辑　陈　莎
特约编辑　陈　剑
装帧设计　舒　巍　沙　漏　吴婧仪
出　　品　湖北日报传媒集团楚天书局
出版发行　当代中国出版社
地　　址　北京市地安门西大街旌勇里8号
网　　址　http://www.ddzg.net　邮箱：ddzgcbs@sina.com
邮政编码　100009
编 辑 部　（010）66572264　66572154　66572132　66572180
市 场 部　（010）66572281　66572161　66572157　83221785
印　　刷　武汉新鸿业印务有限公司
开　　本　787毫米×1092毫米　1/16
印　　张　16.75 印张　200千字
版　　次　2018年12月第1版
印　　次　2018年12月第1次印刷
定　　价　68.00元

谨以此书纪念
改革开放四十周年

本书编委会

前言

1978年冬天，神州大地春雷滚动。党的十一届三中全会，吹响了当代中国改革开放的号角。沉寂已久的中华大地，重新焕发出勃勃生机，我国社会主义现代化建设开启了波澜壮阔的新征程！

40年沧桑巨变。改革开放40年来，在中国共产党的正确领导下，中华儿女奋勇争先、砥砺前行，用勤劳和智慧书写了国家和民族发展的壮丽诗篇，迎来了从站起来、富起来到强起来的伟大飞跃。习近平总书记指出，改革开放是决定当代中国命运的关键抉择，是当代中国发展进步的活力之源，是党和人民事业大踏步赶上时代的重要法宝，是坚持和发展中国特色社会主义、实现中华民族伟大复兴的必由之路。

今天，随着改革开放的全面深化，中国日益走近世界舞台中央，中国特色社会主义进入新时代。地处中部的湖北沐浴改革春风，与时俱进，勇立潮头。40年来，湖北经济社会发生了翻天覆地的巨变。湖北地区生产总值由1978年的151亿元增加到2017年的35478.09亿元，位居全国第7位；湖北城镇化水平由1978年的15.1%、城镇人口690.23万，发展到2017年城镇化水平59.3%，城镇人口3499.89万；城镇居民人均可支配收入2017年达到31889元，是1978年的91.11倍；

农村居民人均可支配收入13812元，是1978年的125倍。[①]

大江潮涌，百舸争流。40年来，湖北在改革开放中不断创新发展模式、涌现出的先进典型成为时代风向标。“天下第一街”汉正街闻名天下，武汉柴油机厂引入中国第一个“洋厂长”格里希，武汉城市圈成为全国“两型”改革龙头……湖北不负重托，开启“建成支点、走在前列”新征程。在这个过程中，国家级开发区的成立、建设和发展成为湖北省一道靓丽的风景。

久久为功，春华秋实。国家级开发区作为湖北改革开放的窗口，在全省经济社会发展中起到了不可估量的作用。它不仅是引导产业聚集的助推器、孵化器，是促进产业转型升级和新旧动能转换的引擎，而且是促进体制改革、国家创新驱动发展战略的重要载体。我省国家级开发区、高新区在对外开放、吸引外资、促进区域经济持续快速增长方面，在全省起到了显著的窗口作用和带动作用，发挥了深远的示范效应和辐射效应，有力推动了我省两型社会建设。从1988年我省第一家开发区东湖新技术开发区正式挂牌成立，到20世纪90年代湖北多家开发区获批国家级开发区，截至目前，我省共有19家国家级开发区，数量中部排名第一，全国排名第四。这些开发区，分布在省内14个市州，犹如一粒粒种子在荆楚大地生根发芽，茁壮成长。

2018年是贯彻落实党的十九大精神的开局之年，是实施“十三五”规划承上启下的关键一年。习近平总书记两次视察

① 数据来源于湖北省统计局网2018年9月17日发布的《波澜壮阔四十载　荆楚大地展新篇——改革开放40年湖北经济社会发展成就系列报告之一》。

湖北，对湖北发展寄予殷切期望。牢记习近平总书记的殷殷嘱托，回顾总结湖北40年改革发展历程，将有力推动湖北在新的征程上进一步解放思想、全面深化改革。

为了全方位、多角度宣传我省改革开放的重大成就，讲好湖北故事，湖北日报传媒集团楚天书局以开发区为切入点，精心策划，组织采写我省19家国家级开发区的光辉历程和动人事迹，并结集成《荆楚开发区巡礼》一书公开出版。

该书以习近平新时代中国特色社会主义思想为指导，以贯彻落实党的十九大精神、弘扬伟大改革精神为主旨，全方位呈现我省国家级开发区从无到有、从小到大、由弱到强的建设历程，生动展现各开发区努力拼搏、不断创新、奋斗实干的时代风采，浓墨重彩地宣传各开发区取得的非凡成就和突出贡献。通过本书，可以梳理湖北国家开发区的发展经验和得失成败，洞悉历史，开启未来，增强信念，登高望远。

风雨多经人未老，关山初度路犹长。40年成就辉煌、经验可贵，仍需勇毅笃行、持续奋斗。希望本书的出版，进一步弘扬我省开发区人敢为人先、追求卓越的宝贵精神，进一步凝聚湖北建设现代化强省的强大正能量。

编　者

2018年10月

目录

专家综述

国家级开发区

国家级开发区在引领湖北改革开放中的作用

湖北省社会科学院副院长、研究员　秦尊文

国家级开发区作为湖北省改革开放的窗口，在促进体制改革、改善投资环境、引导产业聚集、发展开放型经济中发挥了不可替代的作用。它们既见证了改革开放，又直接投身改革开放；它们既是改革开放的产物，又必将进一步引领湖北的改革开放伟大事业向纵深发展。

一、湖北省国家级开发区发展的三个阶段

第一阶段（1991—1993）是湖北省国家级经济开发区发展起步时期。国家战略的实施重心在经济发展方面，湖北省国家级开发区主导产业集中于汽车、装备制造等产业，以工业发展为主带动经济发展。这一阶段全省有 3 个国家级开发区：1991 年 3 月国家批复成立的武汉东湖新技术开发区，1992 年 11 月国家批复成立的襄阳高新技术（汽车）产业开发区，1993 年 4 月国家批复成立的武汉经济技术开发区。这一阶段，平均每年获批 1 个国家级开发区。

第二阶段（1994—2013）是湖北省国家级开发区快速发展时期。

在该阶段不仅国家级开发区的数量增加，而且开发区的经济体量与发展速度均有明显提升，继前3个国家级开发区之后，又有黄石、襄阳、武汉临空港、荆州、鄂州葛店5个经济技术开发区和十堰、宜昌、孝感、荆门4个高新区获批，其主导产业已向新材料、新能源、高端装备制造等先进制造业倾斜，直接推动了湖北工业现代化的进程。到2013年底，全省国家级开发区数量达到12个。这一阶段，平均每年获批0.6个国家级开发区。

第三阶段（2014年至今）是湖北省国家级开发区全面发展时期。不仅所有地级市都设有国家级开发区，而且省直管市仙桃、潜江也获批国家级高新技术开发区。这一时期没有再设立国家级经济技术开发区，先后获批的随州、仙桃、黄冈、咸宁、荆州、潜江、黄石大冶湖7个开发区均为国家级高新技术开发区。湖北省国家级开发区增至19个，数量在中部排名第一、全国排名第四。这一阶段，平均每年获批1.4个国家级开发区。

二、湖北省国家级开发区在国家战略中的地位

湖北省国家级开发区在国家各时期各阶段的战略中都有着极其重要的地位并且对社会经济发展产生一定的影响。

首先，湖北省国家级开发区是国家创新驱动发展战略的重要载体。特别是武汉市的几个开发区，发挥了突出作用。以东湖新技术产业开发区为例，2009年国务院批复同意支持其建设国家自主创新示范区，武汉东湖成为继北京中关村之后全国第二个国家自主创新示范区。2018年4月26日，习近平总书记在视察东湖高新区时说："新发展理念，创新是第一位的。我国已经成为世界第二大经济体，过去那种主要依靠资源要素投入推动经济增长的方式行不通了，必须依靠创新。具有

自主知识产权的核心技术，是企业的‘命门’所在。企业必须在核心技术上不断实现突破，掌握更多具有自主知识产权的关键技术，掌控产业发展主导权。国家需要你们在这方面加快步伐。”他在开发区企业视察时还具体讲道：“装备制造业的芯片，相当于人的心脏。心脏不强，体量再大也不算强。要加快在芯片技术上实现重大突破，勇攀世界半导体存储科技高峰。”[①] 就在习近平总书记视察的当天，国家级信息光电子创新中心在东湖高新区正式启动。该中心由烽火科技集团武汉光迅科技股份有限公司牵头组建，覆盖全国信息光电子领域 60% 创新主体。此前，国家已经在武汉布点了总投资 240 亿美元的长江（国家）存储器项目。可以说，东湖高新区承担着重大的国家责任。2016 年 11 月 3 日，工业和信息化部与湖北省政府签订合作框架协议，武汉成为智能汽车与智慧交通应用示范城市，武汉经济技术开发区成为首批入选示范区项目建设的核心区。如果说我国传统汽车起步晚，与欧美日有较大差距，但我国智能网联汽车与欧美几乎同时起步。因此，武汉经济技术开发区承担着国家发展智能网联汽车产业的历史使命。

其次，湖北国家级开发区是国家长江经济带战略的“动车组”。以沿江开发区为载体，充分利用中心城市的产业优势和发展潜力，积极打造世界级产业集群，是长江经济带实现提质增效升级和绿色发展的重要路径。2016 年 5 月，国家《长江经济带国家级转型升级示范开发区建设要求》确定 33 个开发区为国家级转型升级示范区，湖北省共有 3 个开发区被纳入其中，其中有宜昌高新技术产业开发区和荆州经济技术开发区两大国家级开发区。以此为契机，湖北省国家级开发区紧密对接国家长江经济带发展重大战略，积极探索开发区转型升级新路。

① 选自《习近平：坚持新发展理念打好“三大攻坚战”奋力谱写新时代湖北发展新篇章》（《人民日报》2018年4月29日01版）。

2018年4月24日，习近平总书记视察湖北，首站就是位于宜昌高新技术产业开发区的兴发集团宜昌新材料产业园。园区现有成员企业14家（其中3家国家级高新技术企业），占地面积超过4000亩，就业职工超过4500人，园区先后被授予国家科技兴贸创新基地、国家循环化改造示范园区、全国精细磷化工示范园区等荣誉称号，目前园区正加快转型升级，努力打造长江经济带转型升级绿色发展示范园区。习近平总书记走进兴发集团中控室，通过大屏幕实时察看企业生产车间运转情况，听取企业实施技术改造和产业升级、规划建设循环产业情况汇报，并同现场技术人员亲切交谈。习近平总书记还步行到沿江码头坡道，实地察看沿江设施拆除、码头复绿、排污口整治情况。湖北省国家级开发区认真落实总书记讲话精神，强化企业作为长江生态环境保护建设的主体责任，加快技术改造，淘汰落后产能，发展清洁生产，提升企业生态环境保护建设能力，推进开发区朝着绿色生态、创新驱动、产业优化、开放引领的方向探索和发展。

最后，湖北国家级开发区是国家对外开放战略的积极实施者。2017年3月15日，国务院批准设立中国（湖北）自由贸易试验区。自贸试验区的实施范围为119.96平方千米，涵盖三个片区：武汉片区70平方千米（含武汉东湖综合保税区5.41平方千米），襄阳片区21.99平方千米（含襄阳保税物流中心〔B型〕0.281平方千米），宜昌片区27.97平方千米。三个片区分别坐落在东湖新技术产业开发区、襄阳高新技术产业开发区和宜昌高新技术产业开发区。以此为契机，三个国家级开发区对外商投资实行准入前国民待遇加负面清单管理制度，着力构建与负面清单管理方式相适应的事中事后监管制度。完善投资者权益保障机制，允许符合条件的境外投资者自由转移其投资收益。探索优化投资准入后的管理流程，提升投资便利化水平。积极发展跨境电子商务，完善相应的海关监管、检验检疫、退税、物流等支撑系统，加快推进跨境贸易电子商务配套平台建设。扶持和培育外贸综合服务平台，为中小企业提供通关、融资、退税等服务。三个开发区对外开放取得明显成效。仍以东湖新技术产业开发区为例，2017年进出口总额达705.6亿元，实际使用外资金额为19.81亿美元，占全省比重达21%，连续多年比重超过20%，对全省经济发展具有一定的贡献。经第三方评估，湖北自贸区在同批次自贸试验区中发展居于最前列，较好地履行了国家赋予的“内陆对外开放新高地”的使命。

三、国家级开发区对湖北省经济促进作用及意义

（一）促进改革全面深化

开发区是湖北省对外开放的重要组成部分，在城市中通过划定区域，有利于集中生产要素进行建设和完善基础设施，创建符合国际标准的投资环境，通过吸收利用外资，形成以高新技术产业为主的现代化工业体系，成为城市及周边地区对外经济贸易的重点区域。有利于促进区域经济协调发展，有利于经济以及产业结构的不断优化，提高吸收外商投资的质量，更好地引进资金和技术。开发区的设立有利于打造更加优越的投资软环境，吸引更多的投资者关注开发区，聚集投资，形成完善的产业链。由于各开发区获批成立时间不同、所在城市情况不一、主导产业也各有侧重，于是其发展定位以及对湖北省经济的促进和意义也有所不同。综合来看，湖北省国家级开发区在全省发挥着经济增长、产业聚集、开放引领、科技创新、城镇化推进等重要作用及功能。

（二）促进经济健康发展

国家级开发区对全省发展的最基本的作用就是要促进经济增长。

在此过程中国家级开发区等特殊经济功能区作为促进当地经济发展的重要平台，将开放模式延伸扩展，充分发挥了区域辐射效应，对地方经济发展的贡献也不断增大。湖北省经济开发区和高新区2017年经济总量占到全省一半以上，例如，武汉经济技术开发区，2011—2017年累计完成规模以上工业总产值17812.45亿元。到2017年年底，武汉经济技术开发区实现地区生产总值1443亿元，实现规模以上工业总产值3403.08亿元，一般公共预算总收入364.3亿元，完成全社会固定资产投资868.95亿元，根据国家商务部2017年国家级经开区考核评价排名结果来看，武汉经济技术开发区在全国219家国家级经济开发区中排名第23位，对全市乃至全省经济增长贡献度以及引领作用不断增大。

（三）促进开放开发不断扩大

国家级开发区也是地区对外开放的主要窗口，开发区的外向型经济比重大于一般的经济总量，由于政策原因使其在对外开放方面具有更大的发展动力、更为广阔的发展空间，在推动外向型经济向开放型经济转变上也有着内在的需求和内生动力。开发区的发展为全省带来更先进的管理水平和发展思路，这也是全省外向型经济发展的需要。同时，国家级开发区通过较为完善的基础设施建设、税收优惠和政策保护等措施，成为全省吸引外资、承接国际产业转移和开展对外贸易的重要平台。推动国家级开发区“走出去”参与境外经贸合作区建设，深度融入“一带一路”建设。

（四）促进产业转型升级

国家级开发区通过产业集聚和产业链延伸，带动了传统产业升级；通过营造相对优良的政策环境，同时不断优化投资结构，吸引战略资源，通过引进、消化吸收和再创新，不断提高自主创新水平。近年来，国家级开发区按照新型工业化的要求，以提质增效升级为核心，协调发展先进制造业和现代服务业。大力推进科技研发、物流、服务外包、金融保险等服务业发展，增强产业集聚效应，着力培育战略性新兴产业，国家级开发区集聚了一批涉及电子信息、生物技术、新材料新能源等领域的高新技术产业群，逐步形成了全省发展高新技术产业的重要基地。国家级开发区通过聚集先导产业，依靠极化和扩散机制，带动全省实现产业结构转型升级，逐步成为湖北省产业升级转型的引擎。

（五）促进新旧动能转换

国家级开发区的发展同时也加快了湖北省创新驱动的步伐，以科技创新助推湖北省经济发展。当前国家级高新区已成为湖北科技成果和专利的主要集中地，湖北区域创新水平全国排名从2013年的第12位上升到2017年的第7位，2017年高新技术企业数量达到5369家，与2013年相比增加了144.5%，位居全国第七、中部第一，仅东湖高新区2017年高新技术企业就达到1848家，汇聚了全省34.4%的高新技术企业。2011年以来R&D经费（全社会研究与试验发展经费）累计支出超过1300亿元。湖北省国家级开发区在科技创新方面各具特色，全方位扩大全省科技创新平台。例如，武汉东湖新技术开发区内高等院校林立，科研机构众多，是中国智力最密集的地区之一；襄阳高新技术产业开发区以汽车产业为支柱，是我国汽车工业、军工企业的聚集地和汽车产业智力最密集地区；孝感国家高新技术产业开发区，区内汽车、机加工、光电子、轻纺、建材工业已具有一定规模，企业机加工能力在湖北省名列前茅，达到国内一流水平。根据2017年度科技部火炬中心公布的国家高新区评价通报结果，2016年湖北省国家级高新区高新技术产业增加值总值达5006.38亿元，贡献当年全省高新技术产值增加值的89.81%，在全省高新技术产业发展中发挥着核心支撑作用。湖北省国家级开发区通过新旧动能转换，正在形成电子信息、生物技术、新材料、先进制造、新能源、新能源汽车等战略性新兴产业竞相发展的格局，为湖北经济“创新强省”建设注入不竭动力。

（六）促进新型城市建设

城镇化进程的推进以及产城融合也是国家级开发区承载的重要功能。开发区一般都在离老城区较远的地域，经过多年建设，湖北省许多开发区已实现了新城扩展与老城改造的有效对接，扩大城市面积同时也创造了大量就业机会。开发区不仅是产业聚集区，也是城镇化发展的新区，它产生规模经济和范围经济，形成更为强大的集聚辐射效应，通过产业、技术、人才等要素的传导作用使地区城镇化进程进一步加速。比如荆门高新区，持续完善城市功能空间布局，突破性发展服务业，大力增强公共服务能力，基本建成优势产业协同集聚、城市空间充满活力、生态绿色低碳、交通智慧便捷、社会和谐稳定的生态宜居新城区，并由单纯的功能区演变为集开发区和行政区为一体的新机制，目前实行荆门高新区与掇刀区“合二为一”的运行模式。现在，荆门高新区不仅是全市工业的主引擎，也是荆门城镇化的主战场，是全市户籍人口城镇化率和常住人口城镇化率提升最快的区域。从全省情况来看，国家级开发区注重集约经营和合理开发利用土地等各种资源，成为全省土地等资源集约节约利用程度最高的区域之一，加快了城市化进程，为新型城市建设做出了积极贡献。

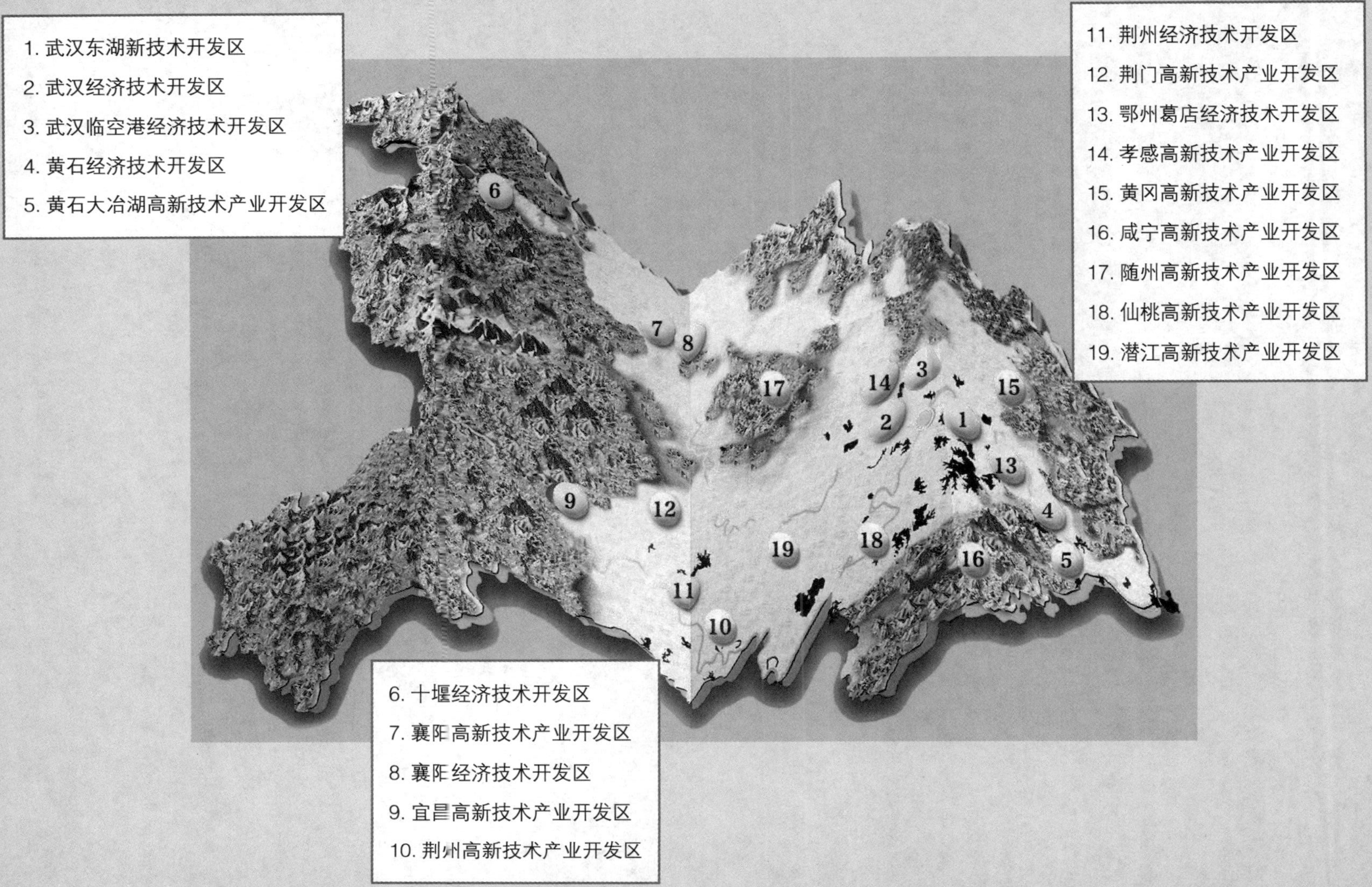
1. 武汉东湖新技术开发区
2. 武汉经济技术开发区
3. 武汉临空港经济技术开发区
4. 黄石经济技术开发区
5. 黄石大冶湖高新技术产业开发区
6. 十堰经济技术开发区
7. 襄阳高新技术产业开发区
8. 襄阳经济技术开发区
9. 宜昌高新技术产业开发区
10. 荆州高新技术产业开发区
11. 荆州经济技术开发区
12. 荆门高新技术产业开发区
13. 鄂州葛店经济技术开发区
14. 孝感高新技术产业开发区
15. 黄冈高新技术产业开发区
16. 咸宁高新技术产业开发区
17. 随州高新技术产业开发区
18. 仙桃高新技术产业开发区
19. 潜江高新技术产业开发区

激流勇进铸传奇

——东湖高新区聚全球资源建世界光谷

武汉未来科技城

提起武汉东湖高新区，一串串“光环”会不断闪过人们的脑海：我国第一批国家高新区、第二个国家自主创新示范区、第三批国家自贸试验区、中国三大智力密集区之一、全球最大的光通信研发基地……

武汉东湖高新区，也称“中国光谷”。它地处武汉东南部，毗邻长江，位于三湖六山之间。30年前，这里曾是名不见经传的地方。经过改革开放40年的风雨洗礼，光谷人励精图治，大胆先行先试，走出了一条具有光谷特色的创新驱动发展之路，创造了我国战略性产业参与国际竞争的知名品牌。

如今，东湖高新区正以昂扬的姿态站在历史发展的前沿，迈上从“中国光谷”到“世界光谷”的新征途。时代，注定要记录它在改革开放中不平凡的传奇。

抢抓机遇，争取来的开发区

东湖新技术开发区原本是“争取”来的。

改革开放初期，世界新技术革命浪潮汹涌，中国改革开放大潮澎湃，光谷那片土地却还是一片蛮荒之地。在沿海城市先行改革开放的背景下，武汉地处中部，渴望崛起，其焦虑可想而知。

1983年年底，武汉市政府派人到上海“取经”，无意中得知国务院在两个月前召集北京上海等城市研讨“新技术革命”，所列的城市中却没有武汉。

武汉市高等院校林立，人才济济，搞新技术革命，怎能没有武汉？

消息传回武汉，市领导认为这是个机会。春节期间，他们立刻查资料、谋对策，开会讨论。1984年年初，形成《关于在武汉建立激光工业、光纤通信、生物工程三个基地和信息中心的建议》，并上报中央。

一个月后，武汉接到参加“第二次新技术革命”研讨会的通知，并得知将在北京、上海、杭州等地兴办“基地”“中心”，就是没有武汉！武汉人没有气馁，趁着参加第二次会议的机会，四处送材料，并见到受国家领导人委托推动新技术革命的国务院技术经济研究中心的领导。

光谷软件园

这位领导的话让人振奋："对武汉这么密集的智力优势，过去我们不了解。你们的材料写得好，反映很及时。"

三个月后，国务院办公厅下发《关于印发〈新的技术革命与我国对策研究的汇报提纲〉的通知》，通知写明，在武汉等全国 13 个城市试办新兴技术新兴产业密集的小经济区。同时，集中力量建设京津、上海、武汉 3 个（光导纤维通信技术）开发中心。

争取终于有了结果，武汉终于赶上了国家政策的顺风车！

1984 年 12 月 24 日，武汉市批准成立"东湖技术密集经济小区规划办公室"，这是武汉东湖新技术开发区的前身。

1988 年，东湖新技术开发区正式挂牌成立。

1991 年 5 月，东湖新技术开发区获批国家级新技术开发区，成为继北京中关村后建立的全国第二个新技术开发区。

敢于突破，挣脱发展的束缚

万事开头难，东湖技术密集经济小区规划办公室成立之初，只有5个人。缺人、缺钱、缺地，下一步怎么做？工作如何开展？这是当时最为紧迫的问题。

东湖开发区纪检监察办专员李复鸣是东湖技术密集经济小区规划办公室最初的5人之一。从市政府办公厅到东湖技术密集经济小区规划办公室，从25岁到59岁，他成了东湖开发区发展历程的见证者。

“没有解放思想，没有敢闯敢试的精神，就没有光谷现在的局面。”回望走过的路，李复鸣感慨万分。

兵马未动粮草先行，创新驱动人才先行。首先要解决缺人的问题，没有人，就向社会公开招聘。东湖技术密集经济小区规划办公室一出手便不同凡响。录取23人，800多人应聘。报名者中，竟然还来了中船722研究所副总工程师侯汉屏。后来，侯汉屏成为了开发区管委会的副主任。

钟灵毓秀，人才荟萃。来自五湖四海的优秀人才聚集到这里。他们意气风发，开拓创新，一下子打开了工作局面。

一张泛黄的黑白照片上，一张张洋溢着青春与激情的脸庞定格。这是东湖管委会首批工作人员在租借的武昌卓刀泉672医院“小红楼”前的合影。照片中的他们，胸怀梦想，信奉创新，把人生最灿烂的年华献给了光谷。

辨认着照片上的同事，李复鸣陷入了深思。

这群朝气蓬勃的年轻人，除了规划东湖技术密集经济小区的未来，还有一项重要工作，就是游说手上握着科技成果的院所知识分子“下海”创办企业。

一个个“吃螃蟹”的人来了，其中就有中国第一家孵化器的开创者——龚伟。中国孵化器的历史，是从武汉东湖开始的。

1987 年 6 月，东湖新技术开发区创办起中国第一家为“下海”科技人员服务的“孵化器”——东湖新技术创业者中心，当时地点设在武昌丁字桥 108 号。龚伟担任该中心的主任。中心不仅提供场地、帮办执照，还用国家科委下拨的 70 万元扶助资金作担保，向银行贷款 210 万元，大胆投资在孵企业。

1988 年 1 月，联合国科技促进发展基金会主席鲁斯坦 · 拉卡卡到武汉，参观这个中国的首个孵化器时，对现场的工作人员说：“这是我在世界上见过的最简陋的孵化器之一，但你们的理念和服务精神是与世界接轨的，你们很有前途！”

在这里，一批又一批创业才子，带着创业梦想，实现了人生的飞跃。华中科技大学的孙文从这里起步，创办我国第一家激光企业——

华为武汉基地

楚天光电子公司（楚天激光公司前身）；武汉大学的王丽丽创办凡谷电子……

这股敢闯敢拼的劲头，拯救了当时差点被扼杀在摇篮中的光纤产业。1988年，邮电部、武汉市与荷兰飞利浦公司共同创建长飞光纤光缆有限公司。不久，外商对华倾销光纤，长飞陷入低谷。外方股东提议中止长飞。武汉方面看准了光通信的未来，态度坚决：外方如撤出，武汉和邮电部接手。同时，支持邮科院自主研发光纤，将武汉市的单晶硅厂基本无偿转让给邮科院，用来生产光纤光缆。正因为有这种决心和魄力，才有了如今烽火科技携手长飞，使武汉成为世界最大光纤生产基地，将中国信息“神经”牢牢掌握在自己手中的大格局。

随着开发区的发展壮大，又一个问题被提出：如何在原有的行政区块上播种未来之苗？“托管！”借助这一开全国先河的突破性的制度安排，东湖高新区在1999年到2010年的6次托管中，获得了洪山、江夏518平方千米土地的规划与开发权，成为国内规划面积最大的高新区。

敢闯敢干，不断突破，开拓进取，勇于创新，成为东湖高新区的重要“基因”。

2012年，武汉市发布“黄金十条”，在全国率先提出科技成果转化收益70%归研发团队，打破了国家对科技成果转化处置权的限制。5年之后，东湖高新区再推“新黄金十条”：教师可与高校共享职务成果所有权，改革重点瞄准了更为敏感的“成果所有权”。

在突破中发展，在发展中突破。东湖高新区不断实现对自身局限的超越，形成了具有特色的8个专业园区和初具规模的五大产业板块，并勇于承担国家战略任务。东湖高新区逐渐成为湖北省创新活力最强、经济增长最快的区域。

形成特色，走具有光谷特色的发展之路

过去的30年，东湖高新区始终紧跟世界科技经济发展大趋势，进行创新驱动与全面深化改革，走出一条具有光谷特色的创新驱动发展之路。能够取得这样的成就，离不开创新创业的土壤和人才机制。

创新是第一动力。这是关于新时代中国经济社会高质量发展的重要论断。但创新离不开孵化平台的搭建，好的孵化平台，是孕育优质企业的沃土。

光谷经过30年的发展，孵化载体建设成效显著。目前，光谷共有孵化器58家，其中国家级17家；众创空间85家，其中国家级30家；孵化面积超过500万平方米，在孵企业有5260家。

此外，光谷还积极布局建设重大创新平台和产业研究院。当前，东湖高新区省级以上（含省级）企业研发平台有288家，其中国家级29家。8家工业研究院围绕市场需求开展科技研究和攻关，主导开展

光谷公共服务中心

科技成果的转化和产业化。据 2017 年统计的数据，累计推动科技成果转化 344 项。

党的十九大报告明确提出要坚定实施创新驱动发展战略，东湖高新区已经站在新的历史起点上。

创新驱动离不开人才。光谷，不仅要做中国光谷，更要做吸引天下英才的“天下谷”。东湖高新区管委会一位负责人说，打造“天下谷”，必然汇聚天下资源。对光谷而言，最重要的资源莫过于人才。

得人才者得天下，得人才者得未来。求贤若渴的中国光谷，为持续立于科技创新的潮头浪尖，不断将招才引智的目光投向全球，以期为光谷下个 10 年的发展描绘新的蓝图。

2017 年 11 月，光谷招才引智团队开展美国、加拿大招才引智万里行活动，赴硅谷、波士顿、圣地亚哥、多伦多等地举行招才引智专场活动，主动与诺贝尔奖得主、院士等国际顶尖人才展开对话。聘请诺贝尔化学奖得主巴里·夏普莱斯担任光谷科学顾问，实现光谷引进诺贝尔奖得主“零”突破，引进美国科学院袁钧瑛院士等若干院士团队，推动光谷嫁接全球高端资源。

有专家指出，诺贝尔奖工作站的落户，彰显光谷推动招才引智向全球延伸，瞄准国际顶尖智力资源，把握海外高端人才回流机遇的决心。

目前，光谷在美国波士顿、新加坡等地区设立了 11 个海外人才工作“联络站”，聘请周鸿祎、蒋宇飞、黄瑞瑨等 20 位资深企业家、知名投资人为“光谷招才大使”，开展海外招才引智网络“阵地化”建设。

东湖高新区管委会相关负责人说，2018 年是全面开启建设“世界光谷”新征程的开局之年，站在历史机遇关口，光谷将聚力推动人才招引向全球拓展、向“塔尖”延伸，加快构建人才“金字塔”，优化人才发展平台，完善人才生活配套，提升引才、用才、育才、成才的全

光谷金融港

链条服务水平，为建设世界光谷提供强大的人才动力与智力支撑。

光谷武汉羿阳科技有限公司创始人、美籍华人龙汉平，祖籍湖北，2007年加入美国籍，2012年回国创业。创业期间，龙汉平入选“3551光谷人才计划”。2018年4月18日，他向东湖高新区管委会政务服务中心递交外籍高层次人才认证，距离拿到“中国绿卡”又进一步。这是武汉市招才局推出针对外籍高端人才申请国内永久居留权便利化措施以来，光谷审批的首位外籍企业高管。

“近几年来，国际人才进出光谷越来越便利，体现了光谷的胸怀与气魄。”龙汉平感慨，外籍身份对国内工作生活造成的种种不便让他印象深刻。拿到国内永久居留权后，可以解决不少后顾之忧，有助于全身心投入创业工作中。

广聚天下人才，靠的是优质的创新创业环境和给力的配套政策。

2018 年 4 月 17 日《人民日报》刊发文章《他们为何选择这里？这里靠啥吸引他们？四座城市的“人才故事”》，聚焦各地招才用才举措及其成效，开篇就以东湖高新区为例，讲述人才心声——难舍光谷良好的营商环境。

“打造国际人才自由港，关键是要从体制机制上大胆创新，用灵活的措施，先行先试。”东湖高新区管委会相关负责人说，光谷始终把人才作为第一资源，通过常态化运作“3551 光谷人才计划”，在吸引大学生和海内外高层次人才“愿意来、留得住”上下足功夫。

北京长城企业战略研究所所长王德禄说，光谷在楚文化“不服周”的思想上不断改革创新，形成了具有光谷特色的文化内涵，这吸引了大量敢于冒险、勇于创新、积极创业的留学生、科研人员、大学生来到光谷，与光谷共同发展，形成了光谷发展的深层次动力。

不断超越，从“中国光谷”到“世界光谷”

从 1988 年到 2018 年，东湖高新区经历了 30 年的发展。30 年，弹指一挥间；30 年，沧海变桑田；30 年，光谷实现了质的飞跃，取得了辉煌的成就。

30 年来，东湖高新区坚持走自主创新发展道路，持续创新，营造了良好的高新技术产业生态和创新创业生态，国际国内的高端人才、科技成果、创业投资加速集聚，在光纤通信网络技术领域领跑全球。

2018 年 4 月，习近平总书记视察东湖高新区时，也对开发区的发展赞誉有加，充分肯定东湖高新区的发展：发展很快，科技成果转化效果明显，围绕科技体制改革做了不少文章；研究机构与科技人才比较多，有自主创新成果；科技成果转化比较好，大学产业化做得不错；产业特色明显，尤其是光电子产业特色鲜明。

习总书记的鼓励和殷殷嘱托，让开发区人深受鼓舞。深感荣幸的同时，也感到责任重大。开发区不仅承担创新驱动先行先试的任务，也承担着国家战略使命，身上担子的分量不言而喻。

东湖高新区30年的发展成绩可圈可点，探寻光谷30年的发展轨迹，人们发现，过去的30年，实际是在践行开发区建立之初的设想——“向东南方向延伸，在豹子澥、流芳岭和龙泉山附近建立新区”。

穿过光谷广场，一路向东，光谷加速东扩。从雄楚大道到高新大道，光谷行政服务中心、光谷中心城、光谷生物城、未来科技城、左岭新城，东湖开发区30年的发展，一直没有离开这张蓝图。

更引人注目的是，30多年前武汉向中央提出建立“激光工业、光纤通信、生物工程三个基地和信息中心”的建议，得到了切切实实的落实。

时下，以华工科技、锐科激光为代表的激光武汉军团，迈入国际激光产业前沿；长飞、烽火科技，助力武汉成为全球最大光纤生产基地；武汉生物城产业综合实力位列全国三甲。

光谷东，一条长8千米的“黄金大道”，正在勾勒“芯屏端网”产业新主轴。

光谷人的实践，演绎着“一张蓝图绘到底”的科学魅力。

回顾30年的历程，中国光谷因光而立、持续创新，因谷而兴、不断创业，从无到有、由小到大，实施了一系列开创性举措，取得了一大批标志性成果，积累了许多弥足珍贵的发展经验。

上一个30年，东湖高新区完成了从城市郊野向“中国光谷”的华丽蜕变。从零起步，截至 2017 年，企业总收入 12012 亿元，被评为武汉市绩效管理综合考评“立功单位”。

同时，初步形成了以光电子信息、生物、高端装备制造、新能源与环保节能、高技术服务五大千亿级产业为主导，集成电路和半导体显示产业、数字经济两大新兴领域蓬勃发展的“5+2”产业体系。

下一个 30 年，又将如何呢？

当前，东湖高新区正站在一个新 30 年的历史关口，面向下一个 30 年，将全面开启“聚全球资源、建世界光谷”的新征程。为了做到这一点，东湖高新区研究出台了《中国光谷 2035 创新驱动发展战略行动纲要》（以下简称《行动纲要》），提出了下一个 30 年的总体部署，谋划按照“三步走”战略，建设有全球影响力的创新创业中心。

东湖高新区管委会负责人说，《行动纲要》是东湖高新区落实党的十九大精神，全面推进创新工作的纲领性文件；是引导园区经济由高速增长向高质量发展的行动指南；是建设“世界光谷”的重要指引。

“长风破浪会有时，直挂云帆济沧海”。未来的征程中，东湖高新人将怀揣更大的梦想，以更加开放的姿态，加快改革步伐，驶向“世界光谷”的彼岸。

（文图由东湖高新区提供）

产业链接

2018 年是东湖高新区建区 30 年，东湖高新区也迎来了它发展的黄金时期。30 年前，武汉向中央提出建立“激光工业、光纤通信、生物工程三个基地和信息中心”的建议；30年后，光谷形成了以光电子信息产业、生物医药、高端装备制造、节能环保、现代服务业五大千亿级产业为主导，集成电路和半导体显示产业以及以“互联网+”、云计算、人工智能为代表的数字经济快速发展的“5+2”产业格局。

2018年，东湖高新区全面开启建设“世界光谷”新征程。这是光谷的“新长征”，也是时代赋予它的新使命。站在历史的路口，我们通过生命健康产业集群的发展窥斑见豹，了解光谷的产业发展概貌。

建设具有光谷特色的生命健康产业集群

光谷生物城，又名武汉国家生物产业基地，规划面积约30万平方千米，是东湖高新区建设的第二个国家级产业基地。

早在20世纪80年代，武汉市提交给中央的报告中，就提到在武汉建立生物工程基地。2007年，东湖高新区被批为国家生物医药基地。

武汉东湖高新区于2018年5月25日发布《关于加快推动生命健康产业发展的若干意见》和系列政策，推进光谷生命健康产业高质量发展。为了给这一千亿产业护航“输血”，东湖高新区设立50亿元规模的武汉光谷生命健康产业母基金。

为打造“药谷”，又迈出了一大步。

系列举措，只为既定的方向和目标“保驾护航”。

锁定生命健康六大新兴方向

2018年是改革开放40年、东湖高新区建立30年，也是光谷生物城建设发展迈入的第10年。

还记得光谷生物城建设办公室刚刚设立时，只有28个人。他们的任务清单上，基础建设工作任务很重，世界500强企业和国内外技术领军人物排得很满。

引入世界领头羊，不只是为了引进技术，其真正意义在于让光谷生物城及入驻企业，耳濡目染跨国巨头们的先进理念、创新商业模式和全球化思维方式。

引进之外，光谷生物城看重的是自己的领军企业和“独角兽”。人福医药，一步步从草根成长起来的领军企业，已成为百亿产值企业，近年来更加快国际化步伐，参与全球医药领域并购。华大基因、中旗电子等一批生物企业成长迅速，成为各自领域的排头兵。

经过10年的发展，光谷的生命健康产业从无到有，企业总收入从零跨越到1200亿元、企业数量达1800多家，其产业综合实力位列全国108个生物产业园区的前3位，其中基础竞争力和可持续发展竞争力均位列全国第一。

10年的转折，恰好叠加中国经济高质量发展的新起点。东湖高新区发布《关于加快推动生命健康产业发展的若干意见》，为光谷生命健康产业的未来画下新蓝图——在全国逾百家生物产业园区中，闯出具有光谷特色的生命健康产业集群发展之路。

“站在过去10年的产业积淀基础上，光谷生命健康产业将主攻六大新兴方向：生物医药、生物医学工程、生物农业、精准诊疗、智慧医疗和生物服务。”武汉国家生物产业基地建设管理办公室常务副主任钱德平说。

光谷生物城生物创新园

产业创新转化体系支撑发展

生命健康产业的六大发展方向既定，就需要思考如何完善产业创新转化支撑体系的问题。

东湖高新区管委会总工程师冯立说，完善产业创新体系，光谷生命健康产业需要在4个方面持续突破：开展前沿创新技术攻关，加快创新支撑平台建设，促进科技成果转化，加强标准、质量和品牌培育。

“现在生命健康的前沿热点是什么？是新一代生物检测技术、基因操作编辑技术、合成生物技术、脑科学和类脑人工智能技术、纳米生物技术、肿瘤免疫治疗等。光谷要想保持行业话语权，就必须在这些前沿领域实现并跑乃至领跑。”冯立说，还有一些共性关键技术，也须重点突破。

当然，在创新支撑平台上，光谷生物城已着手推动基因检测技术应用示范中心、个体化免疫细胞治疗技术应用示范中心、生物样本信息资源库、超算中心、类人灵长类模式动物实验中心等多个对产业发展有持续带动力和深远影响力的重大基础支撑平台建设。

过去10年，光谷生物城许多重大引领性成果都是从高校院所转化而来的。例如，全球首创的“稻米造血”生物技术——“植物源重组人血清白蛋白”就是武汉大学生命科学院教授、国家“千人计划”专家杨代常的重大成果。

为促进科技成果转化，光谷生物城还将对接哈佛、斯坦福、麻省理工、牛津、剑桥、北大、清华、复旦、中科院以及国内外各大医疗机构等顶尖成果产出单位，共建“产学研医”协同创新和成果转移转化中心，每年无偿支持10亿元财政资金。

提到发展生命健康产业的意义，东湖高新区管委会主任刘子清介绍说，从“健康中国2030”“中国制造2025”“一带一路”“长江经济带”等国家战略，到武汉建设国家中心城市的历史机遇，再到东湖国家自主创新示范区与武汉自贸片区的“双自联动、五谷共建”战略叠加，发展生命健康产业都是加快新旧动能转换，实现经济高质量发展的重要产业支点。

光谷的目标是，到2020年实现生命健康产业总收入突破3000亿元，集聚生命健康企业3000家，成为国内最活跃的生命健康总部基地、产品创新及转移转化中心、区域智慧医疗互联枢纽、精准诊疗应用示范中心和“中国种都”。

为此，在政策资金保障上，光谷将每年设立10亿元财政资金，无偿投入产业发展。例如，为了促进成果转化，对具有独立自主知识产权的新药获批上市，符合条件的可给予最高1亿元奖励；为强化人才引进，对符合要求的国际顶尖人才项目，可给予最高1亿元补贴；为推动企业规模化发展，企业年收入首次突破2000万元就有奖励；为打造创新创业体系，鼓励企业和机构建设市场化运营的公共技术服务平台，对经评审并认定的公共服务平台，给予固定资产投入20%的建设补贴，以及每年10%的双向运营补贴，最高可补贴500万元。

有了这些保障，就能朝着生命健康六大新兴方向“挺进”，相信实现2020年的目标，不会太遥远。

（文图由东湖高新区提供）

企业链接

长飞光纤：创新驱动书华章

长飞光纤光缆股份有限公司自1988年创立，已走过30个春秋。30年间，长飞紧跟时代步伐，坚持自主创新，在全球光纤光缆发展史上留下了浓墨重彩的一笔。

2013年7月21日，习近平总书记视察长飞。那一年，长飞开启了“引进—消化—吸收—创新”的发展模式，通过自主掌握核心技术、积极推进国际化，提出争取在2020年前实现“全球第一”的“长飞梦”。如今，长飞光纤预制棒、光纤和光缆市场份额已全面实现全球第一，提前实现“长飞梦”。

2018年4月26日，习近平总书记再次视察武汉光谷，考察长飞。他指出：“核心技术、关键技术、国之重器必须立足于自己，核心技术必须掌握在自己手里。”

牢记嘱托，不辱使命，长飞将在下一个30年实现高质量创新发展，

长飞公司车间

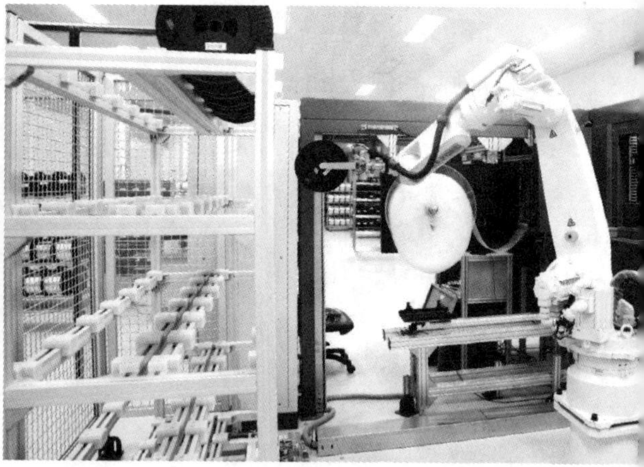

长飞光纤承绕盘包装车间实景

开启新的篇章。

创新驱动发展，铸就行业先锋

2001年，长飞成立研发部，正式走上自主创新之路，并很快实现低水峰光纤技术的突破。

2003年起，长飞成立具有自主知识产权的新一代预制棒规模化生产技术开发项目组，先后开发出国际领先的大、小尺寸光纤预制棒，并实现量产。发展到现在，长飞依靠自身的研发和创新，已成为国际先进技术的输出者及行业标准的制定者。

在工艺创新方面，长飞从引进消化中起步，在引进国外设备的基础上进行研发改进，经过多年的发展实现了预制棒、光纤、光缆核心装备的自主开发、制造和对外销售，掌握了PCVD、VAD、OVD三大主流预制棒制备工艺。

在产品创新方面，长飞开发了全系列光纤光缆产品，成为全球行业内产品最全、满足国内需求最广、产业链最长的企业之一，超低衰减光纤、宽带多模光纤等产品居世界领先水平。

目前，长飞已获得300多项国家授权专利，多项欧洲、美国、日本等国外发明专利及PCT授权，两度荣获国家科技进步二等奖，成为光纤光缆制备技术国家重点实验室的依托单位以及国际电联ITU-T和国际电工IEC标准制定的重要成员。

推进智能制造，助力产业升级

为打造具有国际竞争力的企业，提升企业整体效能，长飞积极投入智能制造领域。

2015年7月，长飞成为首批入围国家工信部确定的46家智能制造试点示范企业之一。这是湖北省唯一、也是整个中国光纤光缆行业的唯一代表。

多年以来，长飞积极探索光纤线缆产业智能制造标准模式，建设智慧工厂，构建一整套光纤光缆行业的智慧工厂解决方案。

未来，长飞将在国家智能制造试点示范企业平台的基础上，进一步加大在智能制造方面的探索，通过在长飞潜江实施的智能制造专项，形成符合光纤光缆制造特点的智能制造新模式标准，并向本行业及相关行业推广，加强与领先的智能制造企业合作，共同推动中国智能制造水平的提升。

围绕战略目标，布局全球市场

2014年12月，长飞赴港上市。

上市后，插上资本翅膀的长飞，围绕预制棒、光纤、光缆三大主营业务，以惊艳的速度在海内外多座城市建厂扩产。

在“丝绸之路经济带”的中联点兰州，长飞建设的光纤光缆基地，不仅大大缩短了西北邻国的订单交货期，还通过“丝绸之路经济带”，将产品打入中亚市场；在沈阳铁岭建成长飞光纤光缆生产基地，对国内辐射黑龙江、吉林、辽宁、内蒙古等地，对国外可辐射东亚，成为东北亚市场的重要支点。

与此同时，长飞公司还在海外多国加速布局。在缅甸，长飞与亚达纳邦光缆有限公司合作，成立合资公司建设光缆厂，该项目实现了长飞海外实体投资零的突破。

在印尼，长飞与 PT Monas Permata Persada 有限公司签署协议，合资成立光纤制造公司。这是印尼第一家光纤企业，也是长飞在海外第一个光纤合资项目。

在南非约翰内斯堡，长飞成立长飞光纤非洲光缆有限公司，不仅在当地设立保税仓库，以储存长飞公司本部生产的光缆产品，销往其他非洲国家，同时也实现了长飞公司部分光缆产品在非洲的本地化生产，促进了当地经济的发展。

2018 年 3 月，长飞公司在印尼的第二家合资企业——长飞印尼光通信公司正式投产，这是长飞公司深化国际化发展的又一重大成果。

为了更好地贴近海外客户需求，提升服务质量，长飞公司不断加强海外销售团队建设，设立多个海外办事处。

追求卓越品质，打造国际品牌

企业的转型升级，质量是根本。

自成立以来，长飞始终坚持“长飞制造，质量第一”的发展理念，在严格的质量管理程序下为客户提供高质量的产品。

以卓越绩效模式为框架，长飞率先在同行业内构建了以 ISO9001 质量管理、TL9000 通信行业质量管理、ISO14001 环境管理、OHSAS18001 职业健康安全管理、SA8000 社会责任管理、ISO17025 实验室管理、ISO27001 信息安全管理和两化融合八大管理体系为核心的全面管理体系，用全面质量管理实现严格的过程质量管控，持续改进产品和服务的品质，获得了客户的高度认可。

近年来，长飞公司荣获了“全国质量奖”“中国质量奖提名奖”“全国质量标杆”“湖北省长江质量奖”“武汉市市长质量奖”“国际质量管理奖金奖”“欧洲国际质量白金奖”“质量领导力国际之星”和“国际质量管理小组金奖”等多项国内外质量大奖。长飞公司正以精益求精的“工匠精神”，塑造长飞国际一流的品牌形象，着力使“长飞”成为全球范围内优质光纤光缆产品的第一品牌。

30 年众志成城、30 年砥砺奋进、30 年励精图治，长飞谱写了不平凡的雄伟篇章，更积淀了创造新未来的强大能量。

长飞光纤光缆股份有限公司执行董事兼总裁庄丹说，长飞将抓住信息化发展历史机遇，全力支撑“宽带中国”和 5G 建设，积极拓展国际市场，推动和加快信息化发展。与此同时，加速推动核心技术突破，加强自主创新，尽快实现由“部分引领”到“全面引领”。

大事记 · 光谷“时空隧道”

谋划发展（1984—1991）：迎接全球新技术革命的产物

· 筹建东湖技术密集经济小区（1984 年）

· 我国最早试办的 5 个新技术开发区之一（1985 年）

· 诞生我国第一家科技企业孵化器（1987 年）

· 成立东湖新技术开发区（1988 年）

· 成为首批国家级高新技术产业开发区之一（1991 年）

探索发展（1991—2001）：
科技成果转化的“四级跳”模式

· 建设专业园区，促进产业集聚发展（1991 年）

· 通过托管拓展产业空间（1999 年）

· 科研院所体制改革——武汉邮电科学研究院等 20 多所科研院所企业化改制（2000 年）

· 探索科技成果转化“四级跳”模式（2000 年）

聚焦发展（2001—2009）：
“武汉 · 中国光谷”起航——光电子信息产业

· 获批国家光电子信息产业基地——“武汉 · 中国光谷”（2001 年）

· 率先设立联合办公中心，推进行政管理向公共服务转变（2003 年）

· 获批国家生物产业基地——光谷生物城（2007 年）

跨越发展（2009—2015）：
建设国家自主创新示范区

· 国务院批复建设第二个国家自主创新示范区（2009 年）

· 全面开展股权激励试点和科技成果转化奖励（2010 年）

· 确定为央企集中建设人才基地——武汉未来科技城（2011 年）

· 首家国家知识产权示范园区等 16 个国家产业化基地（2010 年）

· 颁布实施《东湖国家自主创新示范区条例》（2015 年）

创新和开放双轮驱动发展（2015—）：

- 武汉国家全面创新改革试验区核心区（2015 年）
- 武汉城市圈科技金融改革创新试验区核心区（2015 年）
- 首批国家双创示范基地（2016 年）
- 中国（湖北）自由贸易试验区武汉片区（2016 年）

新目标，新征程：

发展成为具有全球影响力创新创业中心

“三步走”战略

- 2020 年，初步形成全球有一定影响力创新创业中心
- 2035 年，基本建成全球有影响力创新创业中心
- 2049 年，全面建成全球有影响力创新创业中心

（文图由东湖高新区提供）

实干崛起“第三极”

——武汉临空港经济技术开发区发展纪实

武汉临空港经济技术开发区（东西湖区）位于武汉市汉口西部近郊，其地图酷似一只金龟，翘首东望长江，摆尾西牵孝感，有汉、汉北、沦、府四河如四条玉带琼边，轻轻托起这片 499.71 平方千米的土地。

2010 年 11 月经国务院批复，武汉临空港经济技术开发区成为武汉市继武汉经济技术开发区、东湖新技术开发区后的第三个国家级开发区，奠定了武汉市产业经济“车都、光谷、临空港”三足鼎立的格局。

回顾历史，车都、光谷可谓“含着金汤匙出生”，均是举全省全市

之力打造，瞄准最前沿新兴产业，打造最高效体制机制，最终也实现了最快发展、最强辐射。

武汉临空港经济技术开发区走的却是另一条“自下而上、自力更生”的升级、迭代之路：1992年，武汉市东西湖区自筹资金在其区府所在地——吴家山街创办武汉市吴家山经济技术开发区，政策、资金、产业、人才均为空白，一切从零开始。此后26年间，这一开发区历经区级、市级、省级“三连跳”，终于扛回了“国字号”招牌。其名称几经更迭，于2013年获国务院批复修改为现名，成为湖北省首个以“临空”命名的国家级功能区；其地域辐射也由最初吴家山老城约8平方千米扩大到东西湖全境。

如今，武汉临空港经济技术开发区与东西湖区实施“区区合一”管理体制。在经开区工委、管委会、东西湖区委、区政府领导班子的带领下，全区正朝着“建设中部地区最宜居宜业、独立成市的国家级

东西湖区因湖而生，山水资源得天独厚，也为武汉临空港经开区的快速发展提供了丰厚的生态资源基础

2016 年 9 月，全国首个也是唯一一个国家网络安全人才与创新基地获中央网信办批复，正式翻开了“中部数港”的发展新篇章。图为网络安全与人才创新基地

开发区”这一目标快步疾行。

中部数港、高端显示屏之都、新能源汽车之城、武汉工业“第三极”、汉口城市“副中心”……短短 40 年时间，东西湖从全国最大的城郊农场群，成长为与“中国车都”“世界光谷”齐名的“中部数港”，其发展不可谓不快。而且，它不依靠外部政策主动支持，而是通过自身努力拼搏超赶、借势借智，如此发展路径在全国 400 余家国家级开发区中更属少见。在这里，我们不妨将其称为“临空港密码”。

汉水横冲，金龟回望。

2018 年是武汉市东西湖区围垦建区 60 周年，是该区乘改革开放东风跨越发展 40 周年，也是该区实施国家级开发区“经济振兴计划”的第一年，三大历史节点在此叠加，给了我们一个极佳的时间窗口去回顾历史，寻找那份独属于临空港的发展密码。

三次跨越铸就辉煌

1957年春，中共中央、国务院批准成立湖北省东西湖围垦工程指挥部，集中大批干部、工程师、医务人员、工人、农民、机关干部、驻军和学生等12万余人，经过近半年夜以继日、艰苦卓绝的奋战，终于在1958年3月完成围堤工程，使古云梦泽东境万顷荒湖变良田，形成如今占地499.71平方千米的东西湖区。

此后，东西湖免去千年水患，堤内围成可供耕种的土地50余万亩、湖泊水面14余万亩，建成了6个畜牲场、5个粮棉场、2个蔬菜场和1个养殖场，其规模仅次于前苏联的斯大林格勒农场和印度的加尔各答农场，是当时国内最大的城郊农场群。

1978年十一届三中全会后，改革开放为东西湖吹来了和煦春风：东西湖全面推行多种形式的联产承包责任制，兴办家族农场，实行大农场套小农场的“双层”经营体制，一举激活农业生产活力，使该区成为武汉市最重要的粮油副食品保障供应基地，是名副其实的“菜篮子”“果园子”和“米袋子”。在这一阶段，东西湖工业开始萌芽，采取“工业服务农业”的发展方针，逐步建立起适应东西湖国营农场建设与发展需求的工业体系，其中东西湖啤酒厂、辛安渡制药厂等区属企业享誉湖北、走向全国。

此后40年间，东西湖经过了四次成功跨越，逐步成长为武汉“第三极”。

第一跃——1992年邓小平南方谈话吹响了进一步改革开放的号角，也为东西湖区带来了“外面的世界”。1993年3月，东西湖引入香港新世界集团，以土地换得6000万元开发资金，修路、建厂、招商，建成吴家山经济技术开发区的“底子”。1993年7月，东西湖推动区内企业——东西湖扬子江实业公司与我国台湾统一集团合资建厂，从事饮料、乳品及方便面加工，统一集团成为首家入驻东西湖的台商。随后，东西湖人抓住机遇，趁势而上，先后吸引了亚东水泥、华城机电、台玻玻璃等百余家企业入驻。从“小浣熊”到“鲜橙多”，从龙翔家私到采轩服饰，从亚东水泥到台玻玻璃……该区成为继东莞、昆山之后中国大陆地区第三大台资密集区。凭借这一成绩，1993 年，武汉市委批复设立武汉吴家山台商投资区，吴家山经济技术开发区完成了从区级开发区到市级开发区的“第一跃”。

第二跃——市场的大门终于打开，台资、港资企业纷至沓来，东西湖经济发展一日千里。但另一场挑战悄然袭来：20 世纪 90 年代后期，随着市场经济的深入和国门逐渐打开，国企体制与市场机制严重不适应，全国范围内国企大面积亏损，改制、倒闭、下岗成为一代人的时代记忆。

这一次，东西湖人再次走在时代前沿，将国企改制与招商引资相结合，采用“股、售、破、合”等形式，推动区属 230 家国有企业与外来企业进行合资经营。1997 年，东西湖区推动东西湖啤酒厂与法国

2018 年 8 月 3 日晚，东西湖区体育中心及金山大道、临空港大道正在加紧施工。这里将作为第七届世界军人运动会的比赛场馆之一

达能集团合作成立欧联东啤，用“靓女先嫁”的方式使国内外商贾看到东西湖深化改革、扩大开放的勇气，一时间，百事可乐、乐百氏、雪花啤酒、光明乳业等食品企业纷纷落户，形成了华中地区最大的食品加工企业密集区。2000 年 1 月 17 日，湖北省人民政府批准吴家山台商投资区为省级开发区，东西湖完成了从市级开发区到省级开发区的“第二跃”。

第三跃——2003 年，国务院及各部委发文清理整顿全国各类开发区，为一路高歌猛进、野蛮生长的“开发区经济”减减速。东西湖区也清醒地认识到，开发区设置过多、过滥容易造成“诸侯经济”，导致园区尾大不掉、低门槛招商等问题。借国家清理之机，东西湖区对区内各园区进行规范统一，逐步规划形成了机电、物流、食品、临空、高新和现代服务业六大产业园区，由此迸发出全新的活力。

食品加工区吸引了可口可乐、百事食品等世界知名企业，食品加工业进一步做大做强。如今，全区食品工业总产值已达 619 亿元；台商投资区作为开发区“元老”，逐渐分离出综保物流、高新产业等园区后专攻机械电子信息产业，形成了以 TCL 空调为代表的机械制造集群、以矽感科技为代表的电子产业集群和以东风实业为代表的汽车配件产

业集群；综保物流区凭借临空港优越的地理位置，成为各大物流企业扎根武汉、布局华中、通达全国的首选，前后聚集了2800余家公路物流企业，占武汉市物流业产值的三分之一以上。

在21世纪的第一个10年，东西湖区逐步确定了食品、机电、物流三大支柱产业，成为武汉新城区中经济发展的“佼佼者”。2010年11月11日，国务院办公厅函复湖北省人民政府和商务部，同意武汉吴家山经济技术开发区升级为国家级经济技术开发区。至此，东西湖完成了从省级开发区到国家级开发区的“第三跃”。

百尺竿头再次跨越

晋升为武汉市第三大国家级开发区之后，东西湖人更是孜孜以求，试图寻找第四次跨越式发展的机遇。

借升格国家级开发区之机，武汉临空港经济技术开发区（东西湖区）采取了一系列改革新措施，包括：积极实施“大部制”改革，推动经济技术开发区工委、管委会与东西湖区委、区政府合一，探索精简高效、经济发展与社会治理合一的管理体制；积极争取中铁联集武汉吴家山铁路中心站落户东西湖，进而开通中欧武汉国际铁路货运班列，成为湖北、武汉通往“一带一路”的“风口”；积极发展临空经济，成功争取更名为武汉临空港经济技术开发区，成为全国唯一一个以“临空港”命名的国家级开发区，也是湖北省首个以发展临空经济为定位的国家级功能区。

能量的积蓄在2016年达到了“临界点”。这一年，武汉临空港经济技术开发区（东西湖区）地区生产总值655亿元，财政收入180亿元，相比1992年已分别增长了107倍和457倍。连续18年，该区人均财政收入居全省同级别区县之首，已成为湖北省县域经济发展的“隐形冠军”。

2017年，武汉临空港经济技术开发区（东西湖区）新一届领导班子审时度势，敏锐地指出，临空港虽然位列武汉市第三大国家级开发区，但地区生产总值只有沌口、光谷的一半甚至更低，企业规模、创新发展、对外开放、经济活力更存在不小差距，“第三极”效应尚不明显。

武汉临空港经开区管委会主任、东西湖区委书记陈邂馨提出，武汉临空港发展已进入全新阶段，作为国家级开发区，理应担当起武汉“第三极”重任，勇于向沌口、光谷看齐，“要用5年时间使全区GDP、工业总产值实现倍增，拼搏赶超，达到、超越另外两个国家级开发区的现有水平，建成中部地区最宜居宜业、独立成市的国家级开发区”。

5年倍增，意味着每年需保持超过10%的增长速度，在中国经济转向高质量发展的背景下，如此增速是否可行？

临空港经开区领导班子研判后认为，高质量发展并非低速度增长，只要坚持良性、健康的经济发展思路，守住绿色发展底线，激发创新发展活力，在实现高质量发展的同时，也可以实现高速度增长。

2017年，武汉临空港经济技术开发区（东西湖区）将招商引资列为“一号工程”，同时按高质量发展要求，为招商引资设定两条“底线”：凡是高污染、高能耗或与国家发展理念不符的项目坚决不要，坚持绿色发展是下限；凡是不先进、不创新或不符合全球产业发展方向的项目坚决不要，坚持创新发展是上限。

拼搏赶超，临空港发展优势迅速释放，转化为高质量发展的澎湃动力：积淀多年的工业基础和产业配套使大项目落户无后顾之忧；丰厚的财政实力使全区可以集中力量办大事，补齐发展短板；农垦区土地国家所有的独有优势，使得项目落地的土地审批、征迁速度远快于

2018 年 4 月，全球知名显示企业京东方在武汉临空港建设 10.5 代液晶显示屏生产线项目

其他城区……

思路一开，项目自来。

从 2017 年开始，武汉临空港经济技术开发区（东西湖区）相继吸引了国家网络安全人才与创新基地、弘芯半导体、京东方 10.5 代液晶显示屏生产线等千亿、百亿级重点项目落户，形成了“5+3”产业新格局。

“3”是指大临空、大健康和新零售三大传统升级产业，全区传统产业的“三驾马车”成功换轨升级，良品铺子、周黑鸭等“独角兽”叫响全国；机电业“收获”京东方 10.5 代液晶显示生产线；物流业依托中欧（武汉）班列融入“一带一路”，释放黄金效益。

“5”是指芯片、显示屏、网络安全与大数据、智能制造、新能源五大新兴战略产业，预计到 2020 年，这“五朵金花”主营业务收入可突破 1400 亿元。

关于芯片，2018 年，总投资超千亿元的武汉弘芯半导体制造项目

一期、二期相继开工，建成后将主营 12 寸晶圆的集成电路制造代工业务，以及集成电路生产及光掩膜制造、针测、封装、测试及相关服务与咨询等。全面达产后，其年产值预计可达 600 亿元，利税 60 亿元，直接或间接带动就业人口 50000 人。

关于显示屏，2018 年 4 月，京东方 10.5 代线液晶显示屏在临空港顺利开工，11 月底厂房封顶。该生产线及配套项目总投资超 700 亿元，是湖北省单次投资规模最大的液晶显示项目。建成后，这条全球尺寸最大、工艺难度最高的液晶面板生产线上，一块块 65 英寸、75 英寸的液晶面板将装配在一台台大尺寸、超高清的电视机上，销往全球各地，与美、欧、日、韩产品一较高低。不仅如此，京东方还将向产业链上游吸引石英砂、玻璃基板、偏光片、背光源、电子材料、大宗气体等配套厂商聚集，向下游吸引手机、平板电脑、电视等整机厂商和其他应用企业入驻，拉动形成“从石英砂到整机产品”的完整显示屏产业链，产业规模可达千亿级。

为了留住百万大学生，武汉临空港于 2018 年 6 月在全国率先推出大学生安居房

关于网络安全与大数据，2016 年 9 月，全国首个也是唯一一个国家网络安全人才与创新基地获批落户武汉临空港经济技术开发区（东西湖区）。2017 年 5 月，该基地一期工程正式动工。到 2018 年 9 月，该基地已签约落户项目 41 个，注册企业 75 家，协议投资 3262 亿元，国内网络安全企业前 20 强基本已入驻，6 大投资过百亿元的项目已全面开工，逐渐形成完整的网络安全产业链。

关于智能制造，2018 年 5 月，总投资 50 亿元的葛洲坝高端装备产业园顺利投产，围绕智慧能源、高效储能、智能制造、节能环保四大产业方向，进驻分布式能源核心装备、100MW 级压缩空气储能系统、冰蓄冷空调系统、3D 打印、工业机器人等一批高端装备制造项目。以此为龙头，武汉临空港经济技术开发区（东西湖区）吸引了华工科技质子重离子设备研发制造、优恩智能通信终端生产基地等一批智能制造企业，涵盖高速发电机组、压缩空气储能核心设备、二氧化碳制冷解决方案等领域。

关于新能源，2017年以来，武汉临空港经济技术开发区（东西湖区）吸引和培育了武汉氢阳、扬子江汽车、科利尔氢燃料研究院等企业、机构为代表的氢能源企业集群，集储氢、氢燃料电池、氢能汽车整车制造于一体，以及以中兴高能、中兴新材、亿伟新能源、汉能移动能源产业园为代表的新能源电池及材料生产企业。这些新能源项目有的立足当下，有的着眼未来，全部达产后将在武汉形成一座“清洁能源之港”。

在“五朵金花”的托举之下，2017—2018年，武汉临空港经济技术开发区（东西湖区）实现高质量与高速度并行发展：2017年全区招商引资协议投资总额5896.9亿元，项目签约数、投资强度、开工数均创历史新高；招商引资实际到位资金600.9亿元，增速91.4%，居全市第一；五大战略性新兴产业集群成功替代食品、物流、机电“三驾马车”成为发展主力，成功实现区域经济发展的新旧动能有序接续。这一年，临空港工业投资总额首次进入全市前三，仅次于沌口和光谷，成为武汉工业版图的“第三极”。

2018年上半年，武汉临空港经济技术开发区（东西湖区）经济运行继续保持中高速增长，地区生产总值增长8.8%，规模以上工业增加值增长9.7%，纳入绩效考核的10项主要经济指标中有8项指标排名武汉三大国家级开发区之首，取得了高质量发展与中高速增长并行的良好态势，成为湖北省武汉市高质量发展的“排头兵”。

2018年，武汉临空港经济技术开发区（东西湖区）公布全新的区域定位语——“中部数港”，成为武汉继“中国车都”“世界光谷”之后又一个叫响全国的发展高地。由县域经济发展的“隐形冠军”到武汉产业格局的“第三极”，武汉临空港经济技术开发区（东西湖区）终于完成了梦寐以求的“第四跃”。

“跨越密码”一脉相承

从国内最大城郊农场群、武汉市最大粮油副食品保障供应基地，到华中地区最大台商密集区、全国食品工业强区、全省县域经济发展“隐形冠军”，再到武汉工业“第三极”和“中部数港”……

短短60年时间里，武汉临空港经济技术开发区（东西湖区）边界清晰地经历了从农业强区、工业强区到后工业及信息化强区的迭代进化。

回顾历史可以看到，临空港经开区的建设与发展，浸润着东西湖人敢破禁区的智慧——尽管其资源禀赋并不占优势，但在每一个历史节点上都踩准了时代的“风口”，这也是我们一直在寻找的“临空港密码”。

可以说，整个东西湖的发展史，就是一部与中国改革开放40年的宏大背景同频共振、同步发展的思想解放史、改革创新史和对外开放史。

中国改革开放40年，是一条不断改革、突破思维禁区的变革之路，东西湖同样如此。1992年东西湖人乘着邓小平南方谈话的东风，打破农业区定位，提出发展工业之路；率先创办区级经济开发区，与台湾统一集团合资合作，逐步形成台商投资区；20世纪90年代末通过国企改革盘活资源，用“靓女先嫁”引来名商巨贾，奠定了最初工业化的基础。

中国改革开放40年，是一条白手起家、借势借能借资的拼搏之路，东西湖同样如此。作为武汉市近郊区之一，东西湖发展经济没有资源优势，就向台商“借力”，打造台商投资区，成为叫响全国的海峡两岸交流的平台和窗口；没有启动资金，就向新世界“借力”，以地入股撬动6000万元资金扎下开发区发展的基地；没有科教资源，就向光谷“借力”，在吴家山经济技术开发区的范围内划定一平方千米土地作为东湖新技术开发区的“飞地”，同步享受各项国家政策；没有经济名片，就向天河机场“借力”，率先更名为武汉临空港经济技术开发区，成为全国唯一一个以“临空港”命名的国家级开发区。

中国改革开放40年，是一条实事求是、让体制机制建设适应时代发展的自我革命之路，东西湖同样如此。1994年分税制改革，东西湖实行区级财政“分税制”，激活基层活力；2000年清理开发区时，东西湖又通过一系列顶层设计规划出六大产业园区，踏准了全国开发区走集约发展之路的历史节点；2012年晋升为国家级开发区之后，东西湖区与武汉临空港经济技术开发区实行“区区合一”，大刀阔斧地推动“大部制改革”，打破种种束缚，推动经济进一步发展。

中国改革开放40年，是一条对外开放、积极连通世界和参与全球产业分工的开放之路，东西湖同样如此。20世纪90年代，东西湖为了“引进来”，修建了一条“有形之路”——全长20余千米的金山大道，打通了到武汉市区的通达之路，被称为“楚天第一路”；如今，东西湖为了“走出去”，又修建了一条“无形之路”——中欧武汉国际铁路货运班列，由此直达“一带一路”沿线数十个国家和地区，是湖北、武汉“走出去”的必经之路。

中国40年改革开放，是一条简政放权、让政府与市场各安其位的市场化之路，东西湖同样如此。从20世纪90年代吸引台商开始，东西湖人就清楚地知道，经济发展的关键在于招商引资和营商环境。为了招来台商，东西湖人试过各种办法；为了培育民营企业，东西湖人推行过许多优惠政策。时至今日，这样的精神与做法仍在发挥着积极作用。

中国改革开放40年，是一条惠及民生、让发展成果全民共享的普惠之路，东西湖同样如此。如今的武汉临空港经济技术开发区，已由昔日鱼塘、稻蔬遍地的农场成为可媲美中心城区的“汉口副中心”，地铁、商圈、名校、医疗等民生资源密集，正成为中部地区最宜居宜业、独立成市的国家级开发区。

这六条“临空港密码”的背后，是流淌于东西湖人文化血脉之中的“东西湖精神”，这些精神包括：自力更生的围垦精神、海纳百川的移民精神、发奋图强的拼搏精神、大胆智慧的创新精神、踏实苦干的务实精神、居安思危的忧患精神。

可以说，改革开放40年是前后相继、一脉相承、不断推进的过程，不同时期的改革有着不同的时代背景、不同的阶段性任务，但相同的经验与精神始终植根于文化之中，时至今日仍然发挥作用，指引未来。

抚今追昔，相信秉持这些经验与精神，武汉临空港经济技术开发区（东西湖区）将继续创造一个又一个美丽的发展奇迹。

（湖北日报全媒记者　成熔兴）

链接

2018年8月11日，临空港经开区管委会主任、工委书记、东西湖区委书记陈邂馨在湖北日报理论版刊发署名文章《以优良营商环境促高质量发展》，解读临空港发展密码。

以优良营商环境促高质量发展

陈邂馨

习近平总书记指出，要改善投资和市场环境，加快对外开放步伐，降低市场运行成本，营造稳定公平透明、可预期的营商环境，加快建设开放型经济新体制，推动我国经济持续健康发展。作为武汉市三大国家级开发区之一，武汉临空港经济技术开发区以优化营商环境为抓手，用改革思维推动政府职能转变，用容错思维鼓励干部勇于作为，用系统思维优化营商体制建设，营造公平、透明、高效、便捷的营商环境，推动区域经济高质量发展与中高速增长并进。

从“重审批”转向“重服务”，用改革思维构建服务型政府管理体系，使政府职能回归服务本位。优化营商环境的本质是正确处理市场与政府的关系，让市场在资源配置中发挥决定性作用，而政府作为“有形之手”为市场发挥作用创造条件，并有效弥补市场失灵。在“放管服”改革中，中央、省市不断简政放权，大幅压缩和下放行政审批事项，彻底终结非行政许可审批，全面改革商事制度，同时大幅减税降费，有效降低了企业制度性交易成本和生产经营成本，改革综合效应不断显现。在这一过程中，县区一级成为下放权限最主要的“承接者”和“实施者”。作为在经济发展中最靠近市场一线的行政主体，如何将这些权限用好用足，在简政放权的同时加强监管、优化服务，成为摆在我们面前的新课题。临空港经开区作为国家级开发区，是全省改革开放实验田和经济发展主力军，更应承担起“先行先试、大干快上”的重责。

开发区工委、管委会紧紧抓住“放管服”这个牛鼻子，坚持深化“三办”（马上办、网上办、一次办）改革力度，减少政府的微观管理、直接干预，将工作重点和更多行政资源从审批、备案、发证转向创新产业引导和提供高质量公共服务上，努力构建服务型政府，确保监管到位，规范权力运行，满足市场诉求。以“证照分离”改革为例，临空港经开区作为全省“证照分离”试点区域，确定了95项“证照分离”改革具体事项，通过取消一批、备案一批、告知一批、透明一批、加强一批，既降低了行政审批门槛，有效破解了市场主体“办照容易办证难”“准入不准营”等问题，又加强了对直接涉及国家安全、公共安全、生态环境保护及直接关系人身健康、生命财产安全等特定经营活动的市场监管，严格依法规范审批，让企业和群众放手参与创业创新，激活了市场活力和社会创造力。

从“不敢为”到“敢试错”，用容错思维培育创新型经济治理队伍，使党员干部敢创新、勇担当。现代社会经济发展瞬息万变，“时间就是金钱”“效率就是生命”等理念已深入人心。我国的国家级开发区自诞生之日起就秉承这一理念，以经济发展为主要目标，建立了精兵简政、务实高效的管理体制，为经济社会跨越式发展提供了体制保障。但不容忽视的是，开发区的管理体制、干部职工的服务能力距离企业的期盼、市场的要求仍存在差距。因此，临空港经开区一直以壮士断腕的勇气与魄力深化自身革命，坚决破除新衙门作风，把提高工作效率和办事效率转化为各级党员干部职工的自觉行动，使其不断更新观念和意识，接受专业知识培训，以适应高效政府机制的运作，加速提升从事经济治理工作的领导力、执行力和服务力。但在提升效率、跟上节奏的同时，势必又面临这样的“两难”处境：原有政策规定明显落后于经济发展的现实需要，但又因为程序问题得不到及时修正，怎么办？

针对这一问题，临空港经开区工委、管委会领导班子提出，必须破除陈规、鼓励创新，为党员干部职工发挥主观能动性提供“容错空间”，在其开展创新改革工作出现失误时，只要符合党和国家确定的改革方向，按程序经集体决策，勤勉尽责，未谋取私利、未造成严重损失和恶劣影响的，可不作负面评价，不追究相关责任，不影响其继续开展创新。在这一思路的指导下，临空港经开区鼓励党员干部大胆使用“容缺受理”机制，允许企业在条件基本具备的前提下经过相应程序提前开工建设，成功将新增工业项目工程建设审批时间减至120个工作日，有效破解了项目审批难。目前，全区共受理容缺工程项目200余项，建设进程全部安全可控，推动了一批重点项目顺利推进。

从“抓项目”到“建制度”，用系统思维营造普惠型营商环境，使改革红利“企企共享”。在我国现行经济环境下，国家级开发区一般都是所在省份、城市重大项目的聚集地，人们习惯于用抓重大项目的方式来促进发展。临空港经开区针对全区68个重大产业和重大项目，就采取“一对一”精准代办服务帮助企业加快解决项目开工需办理的各项审批，确保了国家网络安全人才与创新基地、京东方10.5代液晶面板生产线、葛洲坝高端装备制造产业园等一批重大项目顺利开工、建设、投产。但我们也深刻认识到，优化营商环境是一个系统性工程，必须着眼于全社会、全行业和全实体，普惠所有企业和市场主体。一方面，我们通过服务重大项目来倒逼行政审批、商事登记制度改革，进一步压缩了工程建设项目全流程审批时间和企业开办时间；另一方面，我们针对企业普遍面临的融资难等共性问题，探索出一系列行之有效的解决办法，进行修正、完善后予以机制化、制度化，在全区进行复制和推广，惠及所有企业。如吸纳社会资本组建专项基金5只，基金总规模达700亿元，为网安基地基础设施建设、产业发展和人才培育提供资金支持；制定惠企助企政策，设立工业企业融资应急资金，累计发放总额达 1.15 亿元。

创新助推“加速跑”

——荆门高新区充分发挥区域性增长的引擎作用

荆门创新创业产业园

前不久，科技部公布国家高新区最新排名，荆门高新区排名第 70 位，比两年前前进了 30 位。

两年前进30位，高歌猛进的成绩背后，是荆门高新区人上下一心、砥砺奋进、锐意进取的斗志与激情。

荆门高新区在挂牌成立前，其所在地——荆门城南10千米处还是一片荒凉，白石遍布、枣棘丛生；如今，这里高科技产业聚集，高楼林立，商贸活跃，已经成为一座美丽的工业新城。

2017年，荆门高新区·掇刀区实现地区生产总值242.86亿元；实现财政总收入23.62亿元，同比增长13.8%；实现规模工业总产值583.36亿元，同比增长16.9%。全年工业产值达到645亿元，规模企业达到155家。

“发展快、工作亮点多，抓项目、抓投资、抓招商力度大，发展气场强，干部精神状态好。”荆门市委书记张爱国寄语荆门高新区·掇刀区：紧紧抓住发展第一要务，勇挑重担，在荆门建设湖北区域性增长极的进程中充分发挥龙头和引擎作用。

改革潮涌，乘风破浪。“打造荆门崛起的核心增长极，冲刺国家高新区第一方阵！”荆门高新区前进的脚步铿锵有力。

激情澎湃创大业

回溯荆门高新区几十年的发展历程，一条主线贯穿其中，那就是开发区人的开拓精神。高新区人创新求变的开拓精神已融入血液。

2000年，经省政府批准，荆门高新区挂牌。成立之初，高新区与掇刀区、荆门经济开发区采取“三区合一”的体制运行。“这种设置有其特殊的考虑。”荆门高新区主要负责人说。当时高新区远离主城区，在一张白纸上画图，从零起步，要承担各种经济和社会职能。

随着企业的大量涌入，为加快高新区发展，2007年，荆门市调整管理体制，改为开发区和高新区“两块牌子、一套班子”，与掇刀区分设，成为荆门市政府直属派出机构，高新区的体制调整迈出关键的一步。

至此，荆门高新区相应的审批权限，快捷高效的投资咨询、产业指导和政策服务体系逐渐形成。他们还率先推出企业家服务处、首席代表制、限时办结制、小分队服务制等全省创新举措。

2009年，荆门高新区加挂荆门市招商局牌子。2012年，荆门市招商局成立9个产业招商分局，其中5个设在荆门高新区，形成完整的产业链招商体系。这一年，荆门高新区经批准设立一级财政、一级金库，新的财政管理体制使高新区具有更大的自主性和融资能力。

急速裂变的荆门高新区步入发展快车道，产业园内项目数量急剧增加，空间急需拓展。荆门市委、市政府审时度势，确定南下创业的思路。2011年，荆门高新区托管掇刀区“四村一场一社区”，由最初的1平方千米扩大到建成区17.6平方千米，托管面积50平方千米，规划面积近百平方千米，一下子拉开了荆门高新区的发展骨架。

志存高远的荆门高新区人，开始谋划着冲刺国家级高新区。这是一个更高的平台，一旦成功，将会把荆门经济发展带入一个新高度。

2012年全省两会上，省政府工作报告正式提出支持荆门创建国家高新区，这给了荆门人极大的信心。

2013年12月，荆门高新区晋级为国家高新技术产业开发区，成功跻身“国家队”。

2016年年初，荆门市委、市政府站在战略和全局的高度，做出了荆门高新区和掇刀区一体化发展的决策，对两区实行统一领导、统一规划、统一建设、统一招商，两区步入了融合发展的新征程。

招大引强添动能

2013年，荆门开发区晋级国家高新区；2017年年底，在全国157

家国家高新区中排名第70位，并成功入围第二批国家级区域双创示范基地……

荆门高新区既无前沿研发优势，又远离省会城市，为何能取得“排名快速进位，产业强势崛起”的骄人成绩？

招商引资“一号工程”释放强劲动力！全区20多名区级领导、9个产业招商专班、7个产业招商分局、3个驻点招商联络处，聚焦七大主导产业，细化产业链招商路径图，大力推行产业链招商、重资产招商、基金公司招商、委托招商等，加大产业链龙头项目招商引资力度。

2016年10月，荆门高新区有关领导了解到防水材料行业排名全国

荆门新能源汽车产业园年产15万台猎豹汽车（含6万台新能源汽车）产销两旺

第一、全球第三的东方雨虹公司有意在中部布局的消息后，在市领导的带领下，多次前往该公司拜访、考察、洽谈。

2017年9月中旬，荆门市直机关工委副书记蔡友红获得了轮胎行业全国排名第二的玲珑轮胎有扩大投资的意向，市、区领导多次前往山东拜访，并邀请企业相关负责人来荆考察。

经过多轮洽谈，效果不尽如人意。荆门市委书记张爱国、市长孙兵上任之初，在得知这两个项目的情况后，带领高新区负责人多次赴北京和山东，与企业老总洽谈，并为东方雨虹量身定制了3套优惠政策方案，为玲珑轮胎制作了辐射华中地区市场的项目建议书，促成了项目签约。

精诚所至，金石为开。2017 年 12 月中旬，投资 15 亿元的东方雨虹项目成功落户荆门，投资 40 亿元的玲珑轮胎项目正式签订投资意向协议。东方雨虹荆门负责人许朝晖说：“东方雨虹选择荆门高新区·掇刀区是正确的，荆门的服务非常到位。”目前，项目正在有序推进，2018 年年底即可投产。

2016 年以来，荆门高新区先后引进了金泉新材料、修正药业、玲珑轮胎，以及科顺防水等 35 个超过 10 亿元的项目。

一批国家战略新兴产业和高新技术企业的加盟入驻，不仅拉长了产业链条，提高了高新产业比重，而且形成了产业集群集聚，为高新区高质量发展注入新动能。

围绕打造新能源汽车全产业链，从整车入手，成功引进了投资 50 亿元的长丰猎豹汽车项目，促进了百杰瑞、顺科及国安新能源、武汉车神、湖南晓光、迈巴赫等电池电机电控及汽车零部件企业入驻产业园。目前，荆门高新区已集聚新能源汽车上下游关联项目 30 余家，初步形成了从回收处置动力电池到生产电池材料、制造动力电池、电机电控及零部件、再到整车的新能源汽车全产业链，得到国家工信部、科技部的充分肯定。

在新能源新材料产业集群培育上，投资 85 亿元的湖北金泉新材料有限责任公司落户荆门，打造华中地区最大的动力电池生产基地。金泉新材料相关配套厂商跟进投资 45 亿元建设荆门高新区动力电池配套产业园，10 多家配套动力电池配套企业进驻。依托金泉新材料、博韬合纤等一批企业扩规裂变和一批行业龙头企业的落户，100 亿元规模的新能源新材料产业指日可待。

转型升级强筋骨

如果说招商引资是“前人栽树、后人乘凉”，那么培育现有企业就是“吹糠见米、立竿见影”。2018 年，荆门史无前例地出台了一系列支持现有企业发展新政。在支持企业技改扩规、上市融资、人才培养等方面，给予 19 项补贴、奖励，条条举措“真金白银”。

荆门市格林美新材料有限公司 2003 年落户时，总投资仅 800 万元，通过 10 多年的发展，总投资超过 50 亿元。

如何支持格林美向百亿产业园加速迈进？荆门市委书记张爱国上任之初，就带领高新区负责人现场办公解难题，助推企业“加速跑”。

2017 年，格林美建成 1.5 万吨三元动力电池前驱体材料项目，投资 27.3 亿元新建三元动力电池前驱体材料和 10 万套回收处置动力电池包项目，全年新增税收 6300 多万元，实现税收 1.58 亿元。

以格林美为龙头，荆门高新区放大国家循环经济示范市、省循环经济示范园区的优势，引进投资 100 亿元的葛洲坝荆门环保产业园，项目建成后可实现年主营业务收入 200 亿元。

福耀玻璃（湖北）有限公司落户荆门高新区 10 年，已成为福耀集团 19 家子公司中发展势头最好、综合效益最高的企业。2017 年，福耀集团在荆门投资 4 亿元扩建，将产能由年产汽车玻璃 300 万套提升至年产 600 万套，产值提升至 25 亿元，相当于“再造一个新福耀”。

在福耀玻璃的示范效应下，航特装备制造、固润科技等 17 家企业也相继扩规、扩产、扩能，新增产值 133 亿元，一个 100 亿元规模的装备制造产业初见雏形。

荆门化工循环产业园是全省两个专业化工园之一，重点发展石油化工、精细化工和碳一化工等细分领域。目前有以新鑫新能源、渝楚化工等为核心项目的石油炼制及副产品深加工产业链，以天茂集团、湖北君尚科技、中迅长青、金贤达等为核心项目的原料药产业链，以固润科技、深圳有为化学、美邦化学等为核心项目的光化学新材料产业链，以金六环锂电池正极材料、百杰瑞锂盐电池材料等为核心项目的电池材料产业链。园区化工产业集群效应显现，正向500亿元规模的化工产业目标奋进。

放大武汉国家生物产业基地荆门产业园品牌效应，荆门高新区着力打造生物医药（医疗健康）产业集群。人福医药、百科亨迪、康沁制药、梦阳药业等20余家医药企业在这里稳步发展。国家医药领域排名第一的修正药业、医用无纺布领域排名第一的奥美医疗项目，以及荆门瑞信

年产600万套汽车玻璃的福耀玻璃（湖北）有限公司

医疗外骨骼康复机器人项目、军特药项目、远洋生物血液透析液项目等相继在这里落户。又一个百亿元规模的产业蓝图正徐徐展开。

体制机制显活力

荆门高新区，不仅是一方产业聚集的肥沃热土，还是一片改革创新的前沿高地。

2016年1月，荆门高新区·掇刀区迎来加快发展的春天。省委、省政府和市委、市政府做出了荆门高新区与掇刀区合并实行一体化发展的决策。两年来，荆门高新区积极探索推进体制机制、行政审批和科学技术等一系列改革创新举措，营造了最优发展环境，激发出跨越发展的澎湃动力。

为营造体制机制新优势，荆门高新区·掇刀区按照“整合体制、聚合优势、拓展空间、做大做强”的总要求，实行了一场从上至下的改革。

实行“党政合一、交叉任职、分级运作”，荆门高新区党工委、管委会和掇刀区委、区政府“四块牌子、一套班子”，工作部门由33个精简整合为23个，规划、财政、计划统计、土地利用和管理、重大基础设施建设、社会保障和政务服务“七个统一”。

为实现管理扁平化、服务高效化，2017年3月，荆门高新区·掇刀区实行园办一体化改革，实行产业园区、招商分局、园区所在镇（街道）或社区“三位一体”，成立了装备制造、新能源新材料、循环经济、生物医药、电子信息、汽车6个产业园建设管理办公室并独立运行。

园办成立后，将全区所有企业和项目划分到各产业园，同时明确6名区人大、政协的领导兼任党工委书记，6名招商分局局长兼任园办主任；推进机关职能下移、部门人员下沉，实行审批服务、部门业务、镇办保障、专业人才“四进园区”。六大产业园办不定时上门走访、每月召开一次园区企业家座谈会、建立园办QQ群和微信群，及时收集企业和项目建设中的问题。

一年的实践，该区成功探索出服务项目“三办”（领办、代办、包办）、服务企业“三贴”（贴近、贴身、贴心）、服务企业家“三零”（零距离、零障碍、零遗漏）的服务新模式，构建了招商引资、企业服务、项目建设“三位一体”的运行机制。

园办融合使荆门高新区项目建设快速推进。2017年全年实施亿元以上项目147个，其中10亿元以上项目23个，年度完成投资246.8亿元。康沁军特药、君尚科技等40个亿元以上项目建成投产。

工作中的难点、堵点就是改革的重点。为优化环境而改革，是荆门高新区·掇刀区“一项永不竣工的工程”。

2014年12月，荆门高新区行政审批局挂牌成立，承揽130项市级行政审批项目，成为全国第五个、全省第三个行政审批体制改革试点。

2017年1月，荆门高新区·掇刀区突破重点改革攻坚，在全省率先组建项目服务局，挂靠区行政审批局，主动承接市级下放的41项涉企审批职能，划转8个部门44项职能。

项目服务局成立后，全面创新服务机制，推行告知转办机制、办事指导机制、前期调度机制、问题销号机制、四级联动机制，对项目建设全流程实行“保姆式”服务，建立问题“适时收集、及时交办、限时解决”的服务机制，为项目提供从签约到开工、再到投产的全过程服务，帮助80余个项目和企业解决各类难题近300个。

创新提升竞争力

2017年年底，国家科技部批复，同意荆门高新区启动并开展创新型特色园区建设工作。至此，荆门高新区拥有了国家创新型特色园区（创）、国家知识产权试点园区（创）、国家级区域双创示范基地、国家科技服务业试点单位 4 张国家级名片。

创新是保障高质量发展的“金钥匙”。近年来，荆门高新区坚持政策引领，“四创同步”，积极推进产学研结合，搭建科创示范平台和企业自主创新平台，提升了跨越发展的核心竞争力。

完善政策体系，在全国率先出台了创新创业的“黄金十条”，启动“凤凰英才计划”。近两年，全区共兑现奖补资金 6000 多万元；大力推进专家进园区、院士进龙头企业、高端人才进重点企业，引进高层次人才 655 人，11 名“千人计划”学者被聘为科技顾问，组建了王佛松、陈芬儿、瞿金平等 9 位院士专家工作站；在荆楚理工学院、荆门职教集团开设汽车、医药、化工、智能制造等专业，每年为园区输送各类专业技工 3500 人以上。

坚持打造“荆门·龙泉汇”电子信息产业及节能环保专场创业路演、“软通动力杯”荆门市第三届大学生创新创业大赛、“天使来了”荆门市青年创业大讲堂三大活动品牌，积极承办第二届中国创新挑战赛等重大赛事。2017 年，全区新增省级以上创新平台 9 家，其中慧谷、聚盛国际创新创业平台被认定为国家级科技企业孵化器；荆门九派通、人民万福梦想小镇被认定为国家级众创空间，培育创新创业团队 277 个、创客 2328 人。

搭建企业自主创新平台，帮助 50 余家企业与高校建立合作关系，组建工程技术研究中心、企业技术中心、校企共建研发中心、产业技术创新联盟等省级以上创新平台 80 余家；培育了国家级知识产权示范企业格林美、国家级知识产权优势企业叶威集团、省级知识产权示范建设企业 19 家。格林美被评为国家科技进步奖二等奖，金泉新材料被认定为国家智能制造试点示范企业。

2016年，全区新增高新技术企业65家，高新技术企业达到141家；高新技术产业产值增加值占GDP比重达到19.34%。2017年，全区授权专利366件，同比增长28.42%；授权发明专利76件，同比增长71.43%。

魅力新区绽新颜

2016年12月，掇刀区第四次党代会上提出荆门高新区·掇刀区将坚持“创新驱动发展、产城互动融合”的战略路径，突出思想引领、创新引领，努力建成创新发展的活力新区、产业集聚的实力新区、产城融合的魅力新区。

此后，产城融合的基础迅速得到夯实。

在荆门高新区建设上，总建成面积达到25平方千米，吸纳2万人就业，带动周边农民2万人转移到园区从事服务性行业。

在城东化工园区，按照“园城一体”要求，推进荆门化工循环产业园和新型城镇化建设，园区规划面积拓展到30平方千米，集聚人口5万人，年产值突破430亿元。

在掇刀中心城区，按照“商城一体”要求，建成星球商业中心等一批大型商贸综合体和商住小区。团林片区，引入社会资本20亿元，开发建设32个商住小区；麻城片区，推进麻城工业园、掇刀现代综合物流园与集镇的规划建设。

在乡村，推进土地流转与农民转移同步。实施农业经营提效工程，研究出台支持新型农业经营主体发展的实施意见，在贴息贷款、用工培训、基础设施、项目包装等方面给予大力扶持。实施农民就业提升工程，对重点项目所在村的农民、失地农民等进行再就业或创业培训，

产值过百亿元的循环经济示范园区

引导其向现代农业园区、工业企业或服务业转移。实施新社区建设工程，围绕新型农村社区布点规划，建成新型农村社区 10 个，“多彩七岭”综合示范区初见雏形，江山村被评为全国文明村。

城区“断头路”全部打通、实施“小街小巷三年改造计划”、完成 92 条背街小巷改造……2016 年，开发区列出交通基础设施建设清单。不久，龙井大道中段、果园二路、普宁路等相继打通。2018 年，该区计划总投资 443.52 亿元，推进全区 100 平方千米城市骨架的形成。

建设大园区大产业，必须要有大交通。荆门高新区积极争取市住建部门支持，实施重点城建项目 186 个，区级投资 86 亿元，三条高速公路出入口提档升级，兴隆大道南段、虎牙关大道综合改造基本完成，普宁路、龙井大道中段、阳光五路、胜科路等13条23.59千米的道路建成通车。拉通延长和改扩建了交通大道、捡秋路南端、兴化四路等23条园区道路和支干道32.6千米，使掇刀中心城区与高新核心区、凤鸣湖片区与官堰湖片区、荆门高新区·掇刀区与市交通大路网等区域连接，形成“对内大循环、对外大联通”的交通格局。

城乡统筹，产城融合。开发区破除城乡户籍和身份限制，整合新农合、城镇居民和城镇职工医保制度，建立起权利与义务相对等、自由选择档次参保、退休人员有保障、困难企业有照顾的四个档次的基本医疗保险体系。全区基本医疗保险参保达24万人，农村居民和城镇居民医疗保险待遇差距逐步缩小。

同时，开发区还将农村居民和城镇居民全部纳入社会养老保险制度覆盖范围，将被征地农民全部纳入城镇职工养老保险范围，将养老保险制度覆盖范围逐步从国有企业向非国有企业、从机关事业单位职工向城镇灵活就业人员、从农村居民向城乡居民扩展，基本建立起城乡一体的社会养老保险体系。

让城乡居民最有感受的则是教育均衡化。2013年，投资3200万元建设名泉小学；2016年，投资9000余万元建设望兵石学校；2017年，投资1.4亿元建设高新学校。2016年，开发区被教育部批准为全国36个“国家学前教育改革发展实验区”之一；2017年，开发区被中国教育科学研究院批准为全国18个“中国新样态学校联盟”实验区之一。学前教育改革和新样态学校联盟项目使得荆门高新区·掇刀区打入国家教育“俱乐部”，成为全国教育综合改革前沿中的“少数”。2017年，全区教育建设项目总投入达到2.6亿元，比2013年增加2.04亿元，增长27.45%，是有史以来教育建设投入最大的一年。

（湖北日报全媒记者　严运涛　通讯员　李德银）

企业链接

荆门格林美新材料有限公司

荆门格林美新材料有限公司（以下简称“荆门格林美”）位于荆门市高新区·掇刀区，是荆门市最大的进出口企业，是上市公司、全球循环经济领军企业——格林美股份有限公司的全资子公司。荆门格林美在资源循环利用领域拥有1000余项专利和核心技术，牵头制定了100余项国家标准，突破了废旧电池、电子废弃物与报废汽车等中国突出污染物的绿色处理与循环利用关键技术，为中国循环型社会发展做出了积极贡献。荆门格林美先后在湖北、河南、江苏等10省市建成16个城市矿山开采利用产业基地，并在南非建立中非循环产业园，引进全球人才，使公司成为全球领先的电子废物、废旧电池与报废汽车循环利用企业。

福耀玻璃（湖北）有限公司

福耀玻璃（湖北）有限公司系福耀集团在华中地区投资建设的汽车安全玻璃项目，成立于2007年11月，位于湖北省荆门经济技术开发区，占地面积338亩。公司建有目前世界一流、国内领先的汽车玻璃生产线及PVC/PU注塑包边总成玻璃生产线，产品主要用于轿车、SUV、MPV等车型。经过多年的精心培育，福耀玻璃（湖北）有限公司已经成为福耀集团19家子公司中发展势头最好、综合效益最高的企业。

李宁（湖北）体育用品有限公司

李宁（湖北）体育用品有限公司是2010年11月2日在北京市出资成立的外商独资企业，位居荆门高新区李宁工业园。主营业务范围：研究开发、设计、销售运动服装、鞋类、休闲服装、体育用品、体育附属用品、体育器材；物流仓储、分拣、配送等；提供相关的咨询服务。李宁（荆门）物流园占地500余亩，其运作具有自动化、信息化、标准化、机械化、绿色低碳特点，已成为国内体育品牌和服装企业中最先进的物流中心之一，在世界上也处于领先地位。

湖北金泉新材料有限责任公司

湖北金泉新材料有限责任公司成立于2012年7月，是惠州亿纬锂能股份有限公司的控股公司。湖北金泉新材料有限责任公司主要经营锂离子动力、储能电池，以及动力储能电池集成系统。公司产品广泛应用于新能源电动车、电动船和储能领域，目前已通过高新技术企业认定、ISO9001、IATF16949、中国船级社CCS认证、环境体系和国家强检认证，主要客户包括宇通、吉利、南京金龙、厦门金旅、中国铁塔等。

猎豹汽车荆门分公司

安徽猎豹汽车有限公司荆门分公司（简称猎豹汽车）成立于2016年7月，总投资50亿元，占地1844亩，建筑面积34万余平方米，现建成冲压车间、焊装车间、涂装车间、总装车间，全部达产后拥有年产15万台整车（含6万台新能源汽车）生产能力，年销售收入200亿元。公司将全面贯彻落实“创新、协调、绿色、开放、共享”的发展理念，坚持以促进民族汽车产业发展为已任，围绕汽车产业链相关业务，发挥自身优势和产业带动作用，将猎豹汽车打造成为用户提供卓越产品与完美服务的一流汽车企业和国际知名品牌。

湖北玲珑轮胎有限公司

湖北玲珑轮胎有限公司总投资54亿元，年产1446万套高性能轮胎及配套工程项目，是山东玲珑轮胎股份有限公司在国内布局的第 4 个生产基地，也是华中地区最大的轮胎基地。湖北玲珑轮胎是荆门高新区·掇刀区引进的汽车产业重点配套项目，对荆门高新区·掇刀区打造新能源汽车全产业链、加快中部新能源汽车基地建设具有重要意义。近年来，湖北玲珑轮胎依靠质量抢占市场，产销量不断提高，预计未来每年以 20% 的速度增长，其产品不但满足湖北的供给，还将辐射四川、重庆、江西、陕西等地。

湖北福力德鞋业有限责任公司

湖北福力德鞋业有限责任公司坐落于李宁工业园，公司成立于 2008 年 9 月，是李宁（荆门）工业园负责品牌运动鞋制造的专业公司，主要生产足球鞋、篮球鞋、跑鞋、休闲鞋等各类高档运动鞋。公司秉承“超越客户期望、追求合理利润、成就员工梦想”的企业精神，坚持“诚信、专业、务实、创新 ”的企业宗旨，不断提高公司的经营管理水平，立志成为国内最优秀、规模最大的品牌运动鞋制造商。

湖北金龙非织造布有限公司

湖北金龙非织造布有限公司是湖北金龙土投资股份有限公司与以色列 Avgol 公司共同投资组建的专业生产 SMS 非织造布的中外合资企业。公司成立于 2004 年 10 月，位于荆门高新区兴隆大道 236 号，总投资 7.46 亿元人民币，占地面积 42021 平方米，拥有年产 1 万吨的德国 Reicofil 3 MF SMXS 生产线一条和 1.5 万吨德国 Reicofil 3 MF SMMXS 生产线两条，可生产各种规格的 SMMMS、SMS、SS 复合非织造布，具有世界先进水平。产品主要适用于医疗、工业防护制品及婴儿纸尿裤、妇女卫生巾和成人失禁用品等。

湖北动能体育用品有限公司

湖北动能体育用品有限公司坐落于李宁工业园，公司成立于2008年10月，是由佛山市顺德区永宏纺织品有限公司、上海悦奥体育用品有限公司共同发起成立的一家针、梭织服装生产的股份制企业。下辖制衣、印染、绣花等分厂，主要从事服装生产，长期合作的有李宁、美特斯·邦威、森马、探路者等知名服饰品牌公司。拥有12栋现代化厂房，60条标准化车缝生产线，引进全自动裁剪机、吊挂流水线、无缝贴合机等先进设施、设备，科学生产，效率一流，品质精良。

湖北航特装备制造股份有限公司

湖北航特装备制造股份有限公司隶属中国航空工业集团公司，是一家国有控股的高新技术企业，总资产超过8亿元。主要业务为轻合金材料及产品成型技术开发与制造、液压制动器设计与制造、航空产品及特种航空装备制造和节能减排净化技术开发与产品制造。公司成立以来，先后通过了IATF16949质量管理体系和ISO14001环境管理体系认证、二级保密资格审查认证、GJB9001B质量管理体系认证和武器装备科研生产许可证。公司产品批量出口到美国、日本、韩国、捷克、德国、意大利和印度等国际市场。

湖北百科亨迪药业有限公司

湖北百科亨迪药业有限公司成立于1996年，是上市公司——天茂集团的全资子公司。公司下设3个子公司：百科格莱、武汉药物、百科商贸。公司拥有70多个医药原料药和制剂品种，全部产品均通过国家GMP认证。已经建立和形成了新药自主研发体系，在武汉高新区建立有一个研发中心，可同时进行5个以上药物的研究和6个公斤级化合物的生产。公司在荆门建立有中试生产基地和多个多功能特色原料药生产装置，以保证科研成果的转化。

湖北金石炼化建设有限公司

湖北金石炼化建设有限公司由原中国石化荆门石化工程建设公司于2005年12月改制成立。公司主要从事石化设备安装、制造、检修维护，机电仪表安装维护，转机设备检修维护，土建、油漆、防腐施工和保温制品及施工，无损检验检测，石化产品贸易等业务。公司具有石油化工工程施工总承包一级资质、石油化工检维修资质。建立了建材实验室、电气试验室、理化检测室等实验室，成立了以“湖北省首席技师”“楚天名匠”命名的熊燕利技能大师工作室和周治芳创新工作室。

湖北晶昱玻璃制品有限公司

湖北晶昱玻璃制品有限公司成立于2012年3月，注册资本2000万元。公司经营范围为日用玻璃制品及玻璃包装容器制造，主要产品为各种型号的啤酒瓶、白酒瓶、农药瓶、医药瓶及各种高档异型酒瓶，年生产能力为8万吨玻璃瓶。公司于2013年通过ISO9001质量管理体系认证，产品连续三年通过国家包装产品质量监督检验中心的抽检。公司致力于科技创新，依靠科技兴企，在工艺配方、熔化成型等核心领域取得专利等知识产权近20项，多项产品被备案为高新技术产品，2016年被认定为高新技术企业。

荆门新港服装有限公司

荆门新港服装有限公司成立于2007年4月，是由香港荣宝投资有限公司投资建设，注册资本3500万港币。公司位于荆门高新区创业四路，主要生产各类休闲服装，包括休闲裤、夹克、棉袄、羽绒服及压胶衣等产品。公司下设制线厂、洗水厂、印花厂和绣花厂等配套厂房。随着公司的不断发展壮大，在2010年投资创办了荆门浚源服装有限公司和荆门新源服装有限公司。

湖北博韬合纤有限公司

湖北博韬合纤有限公司成立于2000年10月，是目前国内从事丙纶短纤维、涤纶短纤维、丙纶非织造布、地毯等加工生产、营销的大型股份制企业，现拥有5家分厂。公司产品规格齐全，质量稳定，丙纶短纤维、涤纶短纤维、丙纶非织造布等主营产品畅销全国各地，公司丙纶短纤维生产能力在亚洲排名第一，目前在汽车生产领域每10辆汽车中就有近4辆用到该公司的产品，部分产品远销欧美、东南亚等国家。公司产品还广泛应用于高端无纺布等领域。

荆门宏图特种飞行器制造有限公司

荆门宏图特种飞行器制造有限公司始建于1971年，前身为中国航空工业集团公司宏图飞机制造厂，拥有近40年的压力容器制造历史，目前是中集集团能源化工食品装备板块的重点企业。公司以绿色清洁能源为主导，以能源化工及压力容器贮运装备制造为主业。主要产品：LPG液化石油气罐车、LNG低温液体运输车、大型球罐及低温贮槽、特种化工容器、船用“油改气”燃料罐及能化配套装置，同时可为客户提供化工、天然气等贮备、调峰、加气站等工程全套解决方案。

（以上资料由荆门高新区·掇刀区区委宣传部提供）

循环经济创奇迹

——潜江经济开发区发展纪实

潜江经济开发区（鸟瞰图）

潜江经济开发区，地处富饶的江汉平原腹地。这里系古云梦泽一角，湖泊星罗棋布，林木葱郁茂盛。这片土地上盛产粮棉油，地下富藏油气盐，素有“鱼米之乡”的美誉。

改革开放，风起帆张，潜江经济开发区这块宝地焕发新的活力。风雨27年，潜江经济开发区筚路蓝缕，砥砺前行，创造了一个个行业发展奇迹；风雨27年，潜江经济开发区锲而不舍，开拓创新，实现了一次次华丽嬗变。如今，在这里，以中国企业500强之一、产值过300亿元的金澳科技为代表的石化产业，以全球最大的牛磺酸生产企业、上市公司永安药业为代表的生物医药产业，以新硅科技、宜生新材料为代表的新能源新材料产业，以金华润化肥、远达化工为代表的基础化工产业等，在开发区形成了奇妙的“共生现象”，唇齿相依，互融互促，一个配套完善、功能突出、绿色生态的新型化工循环产业园区正在腾飞。

资源禀赋，江汉平原“化工走廊”应运而生

潜江是一块富藏油气盐的宝地。潜江大盐湖蕴藏近8000亿吨盐卤资源，而大盐湖的湖心就在潜江经济开发区。依靠天然优势，早在20世纪70年代末，潜江县在汉江沿岸布点建起了化肥、炼油、硫酸生产、抗生素等化工企业。此后，在泽口建起了盐化工总厂。1988年金秋，潜江撤县建市，迎来了新的发展机遇。

乘着改革开放的东风，1991年春天，潜江市委市政府依据潜江实际和放眼未来的需要，开始筹备建设潜江经济开发区。经过5年的筹备和建设，1996年11月，湖北省人民政府批准潜江经济开发区为省级经济技术开发区。从此，潜江经济开发区步入快速发展的轨道。资源禀赋得天独厚的潜江经济开发区很快找准了产业核心。

园区建设如火如荼，企业纷至沓来。从1997年9月引进台商投资企业邱氏（湖北）涂料有限公司开始，众多企业纷纷落户开发区。1997年12月，深圳客商舒心整体收购潜江市石油化工厂，改制后成立

金澳科技（湖北）化工有限公司，是集生产、贸易、物流储运等于一体的集团化企业，是华中地区经过1999年国家清理整顿后被保留下来的最大的地方炼油企业。2001年，潜江永安药业股份有限公司成立，这是一家拥有自营进出口权的高新技术企业，公司主要产品为牛磺酸。凭借自主开发的“环氧乙烷法”牛磺酸生产工艺专利技术，公司在国内乃至全球牛磺酸行业居于领先地位。一时间，潜江的“化工长廊”从5千米扩至15千米，再延至更长、更远、更宽……

阳光下，华润化肥73米高的尿素造粒塔巍峨耸立，不远处，沃夫特高塔造粒装置比肩而起。脚下这片盛产粮食的土地，孕育了一场惊人的化学裂变。华润化肥、金澳科技、永安药业、仙桥化工、远达化工……短短12年间，67家企业聚集潜江经济开发区，经济总量飙升至40亿元。

2005年12月，潜江经济开发区由国家发改委批准更名为湖北潜江经济开发区，成为湖北省17家重点省级开发区之一。

凤凰涅槃，绿色循环唱“主角”

前进的道路并非一帆风顺，自然资源总有枯竭的一天。开发区领导决策者清醒地认识到，资源是潜江发展的动力和源泉，但在依托资源发展经济时，不应躺在资源上吃老本，而是要走出一条具有自身特色的发展道路。

是走粗放型的来料加工、卖资源的模式，还是走效益型的精深加工、树品牌的模式？决策层曾有过争论。有人认为，潜江就是一个县级城市，祖祖辈辈靠手工劳作、打鱼种地为生，卖点资源，搞点来料加工更好。更多人认为，靠资源吃资源，会坐吃山空，断了子孙后代的路，这种事决不能做。

争议不是坏事，争议厘清了思路。建立可持续发展战略才是潜江

潜江经济开发区全貌

发展的模式。痛定思痛，在潜江市委市政府的领导下，潜江经济开发区的领导班子加快推进经济转型发展，全面提升产业层次，一场前所未有的工业革命在开发区兴起：建立由“重”向“轻”转变，由粗放型向集约化转变，由低附加值向高附加值高技术含量转变，由高能耗、高污染向资源节约型、环境友好型转变。

潜江经济开发区是潜江市化工企业集中区域，通过引进先进技术，实施技术改造，拉长产业链，形成企业内部和开发区内部两条循环链条，探索出了一套适应自身发展的循环经济发展模式，这也是新型工业化道路发展模式的最高形式。“潜江模式”的循环经济顺应了世界经济发展和环境保护的大潮流。

何为潜江模式？潜江经济开发区实现资源的再利用和环境保护，资源集约利用，项目集中布局，突出资源利用、废物利用、资源再生和消费四个关键环节，将废水、废气、废渣进行循环利用，构建了企业、工业园区、社区和社会四个层面的循环经济体系。

居住在金澳化工附近的居民对这家化工企业印象最深的，是厂区西边曾有一个高达几十米、日夜燃烧的“火炬”。“这种‘火炬’是炼化企业的规范配置，在石油炼化过程中，会产生炼厂干气，也就是俗称的瓦斯，为了平衡外排气体气压、保证生产装置整体安全，以前都是通过这个‘火炬’直接烧掉。”金澳科技技术开发处杨处长介绍，2011年，企业新建了气柜回收系统，这个燃烧了17年的“火炬”再也没有点过火。杨处长说：“气柜回收系统可以将烧掉的废气回收，制成氢气，用作加氢原料，通过变废为宝，一天就能产生10万元左右的价值。”

仙桥公司在生产烧碱的过程中，产生富裕的氯气和氢气，原来没有下游企业承接，只能将其水解排掉和点火烧掉，资源被白白浪费。现在，周围聚集了诚实化工、可赛公司、宜生新材料等企业，将这些富裕的气体全部消化，仅此，仙桥公司每年从中增收700多万元。这些企业间相距不足1千米，全部实现了管道供应，既减少了空气污染，又节省了运输成本，使永安药业的产品较同类企业的产品成本低30%以上。如今，走进产业园区映入眼帘的是各式密密麻麻的管道，连接着大大小小的铁罐；院墙外，管道四处延伸，连接着一家又一家企业。管道，是循环经济最鲜明的特征。潜江经济开发区企业的内循环和企业间循环，每年为企业实现净增收过亿元。在园区内，相互融通产品达30多个，全区能源单位使用量下降了一半，伴生物的排放量减少了三分之一。技术改造和升级，让污染大为减少，效益却节节攀升。金澳科技成为湖北省三大石油化工企业之一，进入中国民营企业500强，永安药业成为世界上最大的牛磺酸生产企业。

2014年，潜江经济开发区被列入国家园区循环化改造示范试点园区名单，湖北仅此一家。

余热回收利用装置

砥砺奋进，实现超越发展

沃夫特生态工程有限公司是一家化肥企业，一期项目自投产以来，来自湖南、河南等地的客户订单不断，供不应求，2016年实现总产值1.25亿元。

“二期项目将新增10万吨复合肥生产线、两条15万吨高塔生产线，现正加速推进车间围墙和设备基础建设，建成投产后总产能将达到80万吨，实现年均销售收入20亿元，新增利税近1亿元，提供就业岗位600个。”项目负责人张春慧信心满满地说道。

2016年，潜江市委市政府为推进潜江经济开发区与竹根滩镇一体化融合发展，将其作为全市首个区镇合一的改革试点。一体化后，区镇总面积120平方千米，人口约11万，辖38个行政村、5个居委会和1个多种场，54个区镇直单位、67家企业，下设1个企业党委和10个党总支、126个党支部3300名党员。

围绕潜江市委市政府打造“三大亮点片区”“决战工业3000亿元、虾稻产业800亿元”以及“城乡一体、走在前列”等战略性目标，潜江经济开发区克服一体化“负担重、压力大、不平衡”三大困难，自我加压，负重奋进，爬坡过坎，全力推进区镇绿色发展、循环发展、创新发展、改革发展。

柴油加氢改质、配套制氢装置

工业污水处理厂开工

品牌越擦越亮，动力越来越强。金澳科技改制 20 年，因油而兴、以油为业，从小到大深耕发展 20 年，从“中国民营企业 500 强”到成功跻身“中国企业 500 强”，并在其改制 20 周年庆典上成功签下 850 亿元大单，“百亿金澳”迈向“千亿企业”的梦想清晰可见。上市公司、世界最大牛磺酸基地——永安药业，2017 年投资近 6 亿元，建设 3 万吨牛磺酸食品添加剂项目，行业的“龙头老大”地位无以撼动。2018 年年初，松石科技年产 7000 吨锂离子电池精细化工材料项目开工建设，成为产业发展强劲支撑。同年 5 月，晋煤金华润公司与晋煤三宁公司强强联合，经济效益实现稳步增长。

在新硅科技办公楼，董事长罗全安说起自己的产品，十分自信：

柴油蜡油混合加氢装置、汽油加氢装置、制氢装置

“国外，日本古河电工、藤仓以及韩国大韩通信公司；国内，长飞集团、烽火科技、法尔胜，订单量不断增加。”新硅科技是潜江引进的一家科技型企业，主要产品高纯四氯化硅、四氯化锗是规模化生产光纤预制棒不可或缺的主要原料，产品供不应求。

截至 2017 年 11 月，园区已有 11 家企业申报成为国家高新企业。各企业专业技术人才汇集，许多技术、装备、工艺在同行业处于领先水平，高科技的“小狼”企业享誉海外。

目前，产业园区以石油化工、盐化工为主导，以精细化工、产品延伸为重点，以综合利用为补充的化工产业发展体系正在加速形成。

风正好扬帆，新时代续写新辉煌

在经济高质量发展的态势下，区镇坚持创新发展理念，围绕石油化工、盐化工、煤化工等主导产业，支持现有企业循环改造、技改升级，延伸产业链，着力推动园区内、企业间的循环大发展，园区内企业产业关联度达到85%以上，产成品就地使用率达到45%以上。传统产业加快转型步伐，形成四大循环经济产业链。

金澳科技实施30万吨石脑油芳构化制芳烃项目，延伸发展下游产品，实现由炼制向化工转型；金华润化肥与全球最大的缓控释肥生产

宜生新材料项目开工

基地、国家重点高新技术企业金正大集团合作，建设了缓控释复合肥等新型作物专用肥项目，实现粗放型化肥向精细型化肥的转型，是全市农业转型升级的一个重要里程碑；依托金华润化肥老厂合成氨改产氢气项目建设气体岛，与金澳科技对接，建设配套的氢气供应技术改造项目，制得的氢气通过管廊直接供应给金澳科技公司，形成供氢循环经济产业链。以此，区镇初步形成了盐卤氯氢高值消纳、硫铁资源协同循环利用、固废循环利用、尿素深加工及尾气回收利用四大循环经济产业链。

园区基础设施的日益完善成为企业发展的加速器。化工综合管廊蜿蜒于各大企业间，成为园区的经济走廊；气体岛、工业污水处理厂矗立园区，清洁高效运行；固废处理中心推进如火如荼，优良的发展环境为企业注入了持久的发展动能。

2017 年，潜江经济开发区 · 竹根滩镇全年完成招商引资到位资金 27.6 亿元，同比增长 25%；完成工业总产值 304.7 亿元，同比增长 19.3%；完成工业增加值 88.8 亿元，同比增长 39%；工商入库税收 4.25 亿元，同比增长 28.2%，成为潜江市工业经济的骨干支撑、产业转型的示范典型之一，稳坐全市实体经济骨干支撑“老大”交椅。潜江经济开发区 · 竹根滩镇相继荣获国家园区循环化改造示范试点、全省 52 个产业集群之一、湖北省新型工业化产业示范基地、湖北省知名品牌创建示范区。

潜江经济开发区 · 竹根滩镇党委书记、管委会主任徐国亮满怀信心地说：“下一步，我们将围绕建设国家循环化改造示范试点园区，抢抓国家级高新技术产业园区创建政策机遇，大力发展循环经济，建设环境友好型、绿色环保型、高新技术型化工产业，确保国家园区循环改造示范试点园区建设通过验收，争取在‘十三五’期间将潜江经济开发区打造为湖北省内一流、国内先进的新型化工循环产业园。”

（文／梁智　图／潜江开发区提供）

企业链接

金澳科技：党建引领是成功密码

金澳科技（湖北）化工有限公司，中国企业500强之一，全国先进基层党组织。

金澳科技前身是潜江市石油化工厂，1997年企业改制时固定资产不到1亿元，21年来规模成百倍增长。金澳科技的成功密码是什么？全国政协委员、公司董事长舒心给出答案——党建引领。

佩戴党员胸牌上岗，营造向上企业文化

2016年7月1日，金澳科技党委应邀到北京出席庆祝中国共产党成立95周年大会，党委书记王自力代表公司领取“全国先进基层党组织”荣誉证书。回想起当时的情景，王自力至今难以忘怀。

每天上班前，王自力将一枚优秀共产党员的胸牌戴在胸前，这已是他多年来的习惯。他20多年前进入这家企业，是党员身份给了他更多展示自我的机会，一步步走到公司高管的岗位。

党委副书记黄容介绍，制作和佩戴党员胸牌，是董事长舒心首先提出的。“我虽不是党员，但我知道党员这个称呼，意味着压力、责任

金澳科技一角

和义务，意味着付出更多，但这也是一份巨大的荣誉。我们虽是民企，但依然需要党组织的力量。”舒心作为中国民主促进会会员，对坚持中国共产党的领导有深刻的认识。在舒心提议下，公司党委定下制度，全体党员都必须佩戴胸牌上岗。

胸牌虽小，力量却大。一个普通的周末，党员李仁彪佩戴胸牌，照例参加公司义务劳动。这样的义务劳动，没人组织，不用打考勤卡，也没有报酬，却已坚持了 20 年。

在金澳，随处可见党员示范岗、党员包机示范点、党员卫生示范区等示范样板；在金澳，参照国家评选五一劳动模范、五一劳动奖章获得者的做法，每年评选金澳劳动模范和五一劳动奖章获得者，并制作成大型展牌悬挂在厂内；在金澳，“传帮带”“师带徒”活动从未间断，每名党员带两名青工和一名入党积极分子，切实做到党员身边无安全事故、无浪费、无次品，操作能手、业务尖子不断涌现，安全生产零事故。近年来，公司共培养入党积极分子100多名，师带徒500多名。在党员带动下，全公司形成了以公司为家、吃苦奉献在前的企业文化。

把党建工作思路贯穿生产经营全过程

金澳科技一直把党建工作思路贯穿生产经营全过程。公司董事长舒心一直非常重视党建工作，在人力、物力、财力上给予大力支持。

王自力介绍，金澳推行党政干部交叉任职，7名党委委员均为公司高管，8名党支部书记都是二级公司主要负责人，使党组织以企业管理层为主介入，确立了党委的政治核心地位。党组织一旦发现脱颖而出的人才，便吸纳为入党积极分子，随后将更有挑战性的工作交给他，让优秀人才有更大的上升空间。

公司党委成员也不断自我加压。数十年如一日坚持“三会一课”制度，开展批评与自我批评，做到有问题及时发现、及时解决。这项制度已经坚持了10多年，得到中央、省委督导组和省委巡视组的肯定。坚持每月至少召开两次党员员工座谈会，建立微信平台，及时通报发布公司、支部动态，收集意见建议，疏导心结困惑，解决困难问题，增强党员对党组织和企业的认同感、归属感。坚持每周走访慰问2户员工家庭，结婚生子送去祝福，生病住院上门慰问，跟踪帮扶特殊困难家庭，增强企业凝聚力。

同时，公司在工作中创新“两推”工作，即推行党政事务共管共推，制定出台各项议事决策制度，定期召开党组织与行政联席会议，使党组织的主张在企业决策中得到重视和体现，党组织参与监督决策落实，确保决策成效的最大化。推行党员干部重点培养，招聘员工时把党员作为优先招聘对象，在中层干部等重要岗位的人选上，优先选择党员。有30多名党员担任中层以上干部，增强了员工对党组织的向往，每年提交入党申请书的员工近百人。

党组织的强大战斗力和影响力，让企业发展一路披荆斩棘，迎来一个又一个新的辉煌。2017年7月，金澳科技启动油品升级深加工系列项目，计划在5年时间内投资约200亿元，新征项目用地3000多亩，力争产值早日达到千亿元。“是党建的推动让企业如虎添翼、活力倍增，或者说，党建本身就是生产力。”舒心说，“未来金澳将继续做好党建

金澳科技邦顺顺项目开工

工作，朝千亿企业的目标奋斗。”

（文／梁智　图／潜江开发区提供）

永安药业：科技创新注入产业链每一环

六月初夏，荷风送香，处处一派生机盎然、欣欣向荣的景象。记者来到位于潜江经济开发区·竹根滩镇的永安药业股份有限公司年产3万吨牛磺酸食品添加剂项目建设现场，看到各项工程建设正顺利进行，新订购的设备陆续到厂，正进行新一轮的调试。

“去年3月，公司新上了3万吨牛磺酸食品添加剂项目，目前项目建设已进入竣工收尾阶段，并超额完成计划投资，于今年4月竣工调试。”项目负责人王志华告诉记者。

永安药业股份有限公司是世界最大的牛磺酸生产基地，2010年公司成功登陆深交所。凭借自主开发的“环氧乙烷法”牛磺酸生产工艺专利技术，牢牢控制了国际牛磺酸市场50%以上的市场份额，是国内乃至全球牛磺酸行业的龙头企业。随着牛磺酸在食品添加剂上的应用，国内外市场需求增加，永安药业年产3万吨牛磺酸食品添加剂项目应运而生。

“该项目总投资5.4亿元，建成投产后预计可实现销售收入5.265亿元，解决就业400余人，具有广阔的市场前景和良好的社会、经济效益，将成为我市化工产业转型升级的一个重要里程碑。”王志华介绍，该项目是市政府重点建设项目之一。“预计项目建成投产后，企业可新增产值8.5亿元，税收同比增长100%。”该公司董事长陈勇说。

永安药业项目开工

谈及公司发展，陈勇说，公司建厂时间比较早，生产工艺、设备相对落后，市场竞争优势不明显，面对不利状况，公司组织技术人员立足技术创新，以节能降耗、降低生产成本、提升产品质量为抓手，制订技改方案，大胆采用新工艺、新设备、新材料，在不影响生产的情况下对原生产装备实行分段分时改造，提升了企业核心竞争力，为把握市场机遇、巩固全球龙头地位奠定了坚实基础。

“如果没有创新，就没有生命力！”永安药业办公室主任郭典海说。近年来，永安药业不断引入创新观念，以技术创新为核心，以产品创新为载体，以管理创新为基础，坚持走以科技带动创新、以创新引导产品、以高科技含量及高附加值的产品占领市场的创新之路，每年在科研创新上投入重金。公司每年将3%以上的销售收入作为科研经费。3年来，累计投入研发经费6100余万元。公司总部有一支高层次的医药创新研发团队，在学历层次上，已基本建立起以博士、硕士等高素质人才为主体的企业员工队伍和技术创新团队。此外，公司还在武汉设立专门的科研中心，与武汉大学、华中科技大学等高校开展产学研合作，持续进行技术创新和成果转化。

永安药业办公室主任郭典海介绍说，永安药业目前已经向国家申请了 10 个发明专利，7 个已经获批。这 7 个发明专利都是永安人在生产线上通过实践、总结经验产生的，永安人可以说是把科技创新注入了产业链的每一环。

永安药业的技改升级，让企业焕发生机活力。2017 年，永安药业各项主要经济指标同比大幅度提升，全年实现销售收入约 8 亿元，上缴税金 7151 万元。

陈勇表示："2018 年是公司发展的关键年，面对激烈市场竞争，我们将继续苦练内功，不断进取，勇于创新，齐心协力，不负众望，用优秀的业绩回报社会，为实现'城乡一体、走在前列''决战工业 3000 亿'等战略性目标贡献永安力量。"

（文 / 梁智　图 / 潜江开发区提供）

竞进提质再出发
——十堰经济技术开发区转型升级纪实

27 年前，乘着改革开放的春风，十堰经济技术开发区（以下简称十堰经开区）在十堰市白浪境内生根发芽。2012 年 12 月，十堰经开区经国务院批准升格为国家级经济技术开发区。

27 年后，这片创新的热土已经形成“一园三区”格局，以汽车汽

开发区全景图（刘爱理　摄）

配产业为主导，以整车、总成及关键零部件、装备制造、现代物流为支柱的“四大产业集群”，并在区域带动、生态环保方面，走在全国领先水平。

从开发区建立到成为全国知名的汽车产业示范开发区，十堰经开区一代又一代的引领者和开拓者筚路蓝缕、披荆斩棘，不断奋进。如今，开发区在新一届领导班子的带领下，坚定不移地推进“工业强区”战略，为开发区“打造高质量发展增长极，加快建设千亿产业园区”提供有力支撑。

蝶变历程：从“蜗牛之旅”到“汽配东移”

十堰经开区自1991年8月成立以来，已历时27个年头。27年来，十堰经开区从小到大，从弱到强，不断发展，获得“国家火炬计划十堰汽车关键零部件产业基地”“中国最佳汽车产业示范开发区”“国家级示范生产力促进中心”“国家新型工业化产业示范基地”等多个荣誉。这些成绩的取得，离不开一批批开拓者的积极进取和勇于创新，离不开历代开发区人的不懈努力和顽强拼搏。

从建区之初的籍籍无名到闻名全国，十堰经开区也经历了一段鲜为人知的蝶变历程。

十堰因车而建、因车而兴。十堰经开区是现代汽车工业聚集区，是十堰跨越发展的重要引擎。然而，开发区在成立之初，其所在地仅是十堰城区东部一个以种植蔬菜为主的街道办事处。

早在20世纪80年代中后期，省委、省政府就决定设立十堰汽车产业开发开放试验区。1991年，十堰市委、市政府经过广泛调查和科学论证，报请省委、省政府设立十堰市白浪经济技术开发区，作为十堰汽车产业开发开放试验区的“特区”和“窗口”。同年7月26日，十堰市白浪经济技术开发区获批。

开发区建立之初，规划面积49.5平方千米，实际可使用面积只有2.5平方千米，大部分都是没有开发的山丘坡地。开发区成立之初，经济规模小，引进项目少，发展比较缓慢，差不多是“蜗牛之旅”。

从1999年开始，开发区的发展开始步入快车道。开发区加大招商引资力度，引入民营资本，招揽外贸出口企业。同时，把目光盯准汽车零部件销售，谋划推进中国（十堰）汽配城建设。

在汽配城建造之前，由于缺乏统一规划，十堰的汽配门市分散在十堰市区人民路、朝阳路、火车站、六堰等地。这些店铺虽然借东风汽车公司这棵“大树”，在全国闯下了不小的名气，但无序的市场给经营者带来了诸多困难。

为了规范化经营和集约化管理，十堰做出了转移汽配市场到白浪的重大决定。一期项目于1999年8月建成，面积12万平方米，可容纳客户1200家。1999年9月9日，中国（十堰）汽配城正式投入运营。

经过多年培育和建设，中国（十堰）汽配城由最初的4家投资业主发展到20多家，总投资达到3亿多元，占地面积360亩，经营品种3万余种，入驻商户2300多家，年贸易额超过百亿元，成为一座规模巨大、功能齐全、管理规范，集产品展示、交易、仓储及食宿娱乐为一体的大型汽车零部件交易市场。其经营面积全国最大、进驻商户全国最多、销售收入全国最高，创下了3个“中国之最”。

新的汽配城实行“封闭式管理，开放式经营，全方位服务”；推行一条龙服务，一个大厅办事，一个窗口对外；收费有“明白卡”，定税有公示制；建立电子商务平台，为客户提供汽配销售、价格、库存信息服务，为经销商和消费者提供良好的经营和生活环境。

走上科学发展之路的中国（十堰）汽配城，先后获得国家、省市相关部门“全国放心购物示范汽配市场”“全国重点培育市场”“中国十强汽配市场”“中国汽配行业十大重点专业市场”“中国汽配行业十大品牌市场”和省市级“文明市场”等多个荣誉称号。

华丽转身：从“拓展空间”到“转型升级”

2012年12月11日，国务院办公厅发文批准十堰经开区晋升为国家级经济技术开发区，下辖三个工业园区。

要发展，原来的那块地远远不够。为了拓展发展空间，开发区向荒山河滩要地。开发区人改河造地，开疆拓土。据了解，开发区在全市率先启动建设温州工业园的400亩地，就是通过河道改湾曲直、开垦荒滩拓展出来的空间。

获批国家级开发区后，十堰经开区又该如何规划呢？

开发区结合自身实际高标准制定了下一步发展规划，着力建设“六大示范区”，即三产集聚示范区、生态宜居示范区、产业集聚示范区、科技创新示范区、空港经济示范区和物流会展示范区。

这“六大示范区”，既考虑到产城一体化，又考虑到产业布局；既考虑到生产，又考虑到生活；既考虑到环境因素，又考虑到资源配置要素。

早在2003年，东风汽车公司总部迁往武汉，很多人开始担忧，“东风”离开了，十堰今后怎么发展，会不会成为一座“废城”？

经过分析，开发区人给出了结论：东风总部走了，但它在十堰的存量资产没走，作为主要支撑的商用车生产基地没走！数据显示，东风在开发区的“亲戚”仍占七成左右。更重要的是，汽车文化在十堰深入民心，十堰居民家庭三代以内至少有一人以上从事汽车相关产业的职业，专业技能、素质显著高于一般地区。

对此，开发区相关负责人说：十堰在地理位置上有着得天独厚的优势，因为它处于全国的中心点，任何产品从这里销往全国，半径都是最短的。另外，经过几十年的发展，这里汽车主导产业之密集、汽车产业链之完整、汽车文化底蕴之浓厚，在全国都是少有的，是“北、上、广、深”及东部沿海地区最理想的汽车相关产业转移承接地。

近年来，开发区牢牢把握国家振兴汽车产业发展的有利契机，依托十堰汽车产业基础，努力打造以载重车、特种车、微型车、客车为主的汽车整车产业，以车身、车桥、车架、减震器、起动机、压缩机等为主的汽车零部件产业，以模具、机床为主的基础装备制造业，以林安商贸物流园、中国（十堰）汽配城为主的现代仓储物流产业以及电子、生物医药等产业集群，当前已建成了东风小康工业园、龙门工业园、港澳台工业园、神鹰工业园、温州工业园和林安商贸物流园六大园区。

从成立到现在，经过多年的发展，开发区汽车产业聚集了汽车及汽车零部件和相关装备制造生产销售企业2000余家，产业聚集、集成效应凸显，扎堆效应已基本形成。其中规模以上汽车及零部件企业有100余家，辖区东风小康、世纪中远、东风特专等10余家整车及主机生产厂家的设计生产能力达到每年70万辆。成为全国最具影响力的商用车生产基地。

为了加快转型升级，引导企业调整产品结构，提升产品技术含量，增强辐射带动能力，开发区着力打造汽车产业“全品系、全动能、全产业链”的产业生态，产业集聚效应明显。

在新能源汽车领域，开发区东风小康、东风易捷特、东风特专、东风特客、世纪中远5家拥有新能源汽车整车生产资质的企业，2017年累计生产新能源汽车2万辆，其中东风特专生产纯电动物流车1.4万

十堰经济技术开发区新能源汽车整车展示（刘爱理　摄）

辆，连续三年位居行业第一。

除纯电动外，开发区的氢燃料电池、铝空气燃料电池等新能源前沿的动力模式也具备了一定的技术积累和产业化条件。

在经济全球化发展过程中，集最前沿科技、最尖端人才、最高端产品的国际国内贸易市场，对地处内陆地区的十堰有着无穷的吸引力。长期以来，十堰经开区坚持“走出去”与“请进来”相结合的发展战略，把会展经济作为区域经济社会协调发展的重要战略，强势推进。一方面积极组织企业组成“十堰展团”参加西安汽车汽配展销会、南京汽配会、义乌汽配会、中国国际汽车零部件博览会、成都汽配会、内蒙古北方汽配交易会、美国拉斯维加斯国际汽车及改装车展、俄罗斯汽车及配件工业展会等国际国内展会，成功实现与法国雪铁龙、德国大众、奥迪等世界知名品牌的对接，承接了一大批国际国内订单，汽车及汽配产品出口欧美、东盟、俄罗斯、南非等数十个国家和地区；另一方面连续举办十届中国（十堰）汽车汽配商品交易会，不仅邀请了国内 30 余个省市州的专业市场参展团，还将橄榄枝伸向德国、法国、

土耳其、伊朗、阿联酋、印度、越南、巴西、埃及等海外商务采购团，努力打造地方整车、零部件企业与国内外汽车汽配商家交流合作对接的一流平台，力争将十堰展会打造成国际型汽车汽配专业展会。近十年来，从尝试组织企业观摩国内小型展会到组团参加国内外大型专业展会并独立设馆，从组团参加展会到自己举办专业展会，十堰经开区扛着“十堰展团”的大旗，近百次亮相国内外专业展会，紧紧围绕汽车汽配产业，“会展经济”的发展道路越走越宽。

从区招商商务局获悉，开发区汽车和汽车零部件出口从2007年的380万美元增长到2017年十堰报关出口1.2亿美元，全口径出口额超过2亿美元。这些都是开发区组织辖区汽车汽配经销企业积极参加各类国内外国际汽车零部件博览会、交易会、展销会的成果，不仅换来了真金白银，还把“十堰制造”的品牌打造成一张叫响全国的名片。

从第二产业走向第三产业，从实体店走向电子商务，线下线上互动互促，开发区产业营销方式也在不断地转型升级。

开发区创办“汽配人网”，每天成交额400万元左右，这个数字还

2017 年中国（十堰）汽车汽配商品交易会开幕式现场（刘爱理　摄）

在不断刷新。以汽配人网为基础，开发区正筹划在全国各地建立仓储基地，让十堰汽车零部件更便捷地走向全国、走向世界。

未来，开发区力争通过三年努力，实现工业产值达到千亿元，其中商用车（含专用车）整车 200 亿元、乘用车整车 400 亿元、汽车关键零部件 150 亿元、新能源产业 200 亿元、装备制造业 50 亿元。服务业等第三产业收入达到 300 亿元。

百舸争流：从“服务商贸”到“盘活存量”

进入 21 世纪，我国汽车产业发展迅猛，全国各地呈现出“百舸争流”之势。以汽车产业为主导的十堰经开区，“一业独大”容易形成发展瓶颈，不利于长远发展。

开发区以工业为核心的发展模式，容易导致商业、旅游、文化、娱乐等配套功能的缺失。为此，开发区通过发展汽车物流产业，逐渐转移到生产生活服务业上来。

当前，十堰经开区着眼于“争当建设现代化汽车城的排头兵，奋力打造千亿产业园区”的战略部署，重点推进10大工业项目，总投资120亿元，新增产值600亿元；积极推进5大商贸服务业项目，总投资50亿元，新增业务收入200亿元以上。

同时，要让开发区留得住人，必须重视配套设施的建设。目前开发区大力发展服务业，建设主城区，引入生活配套，工业园也建了安置区，已经形成“厂在城中”的格局。

广东林安物流，是国家汽车物流指数发布者。2014年，该公司投资50多亿元打造的十堰（林安）汽车汽配商贸物流城，聚合物流、仓储、会展中心三大核心功能。该项目全部建成后，聚合效应明显。

集生产、生活、生态为一体的复合型新城，正是十堰经开区努力的方向。营商环境好了，新兴产业纷至沓来：天津力神、雷诺日产等行业“巨头”的进驻，助力十堰加速打造国家重要新能源汽车产业基地。项目“进阶”，经济转型。

2018年1月，东风特专推出无人驾驶汽车。这款无人驾驶电动物流车连接“北斗”卫星，可广泛应用于码头、港口、物流园区，为人们提供优质的现代物流服务。

服务业、新兴产业，在十堰经开区呈现出良性发展的局面。

十堰经开区东临武当山，南望神农架，既没有矿产资源，又缺乏物产资源，发展空间受限，土地资源紧缺。在这种形势下，盘活已有的存量显得非常必要。

如何盘活存量？开发区给出的答案是从企业入手，把优化资源配置和“服务+”活动有机结合起来，以更实更细、更加有力的工作举措，盘活存量、发掘增量，进一步提升辖区土地利用率和产出率，努力实现开发区高质量发展。

开发区领导始终坚持“沉下身子、深入一线”密集地走访企业。其走访密度之大，频率之高，前所未有。东风小康、东风特专、东风特客、湖北先锋、世纪中远、湖北华阳汽车制动器、湖北运喜塑业、十堰吉恒工贸、湖北劲驰、联增电器、东风（美瑞特）汽车空调……开发区数百家企业，都留下了开发区领导踏访考察的足迹。

2018年年初，相关领导提出“服务＋”号召，开发区深入开展“百名干部进百企服务＋”活动，全面掌握全区企业发展的情况，积极为企业“把脉会诊”，切实为企业排忧解难，取得显著的成效。通过深入推进“服务＋”活动，进一步盘活现有土地和厂房资源，为开发区的潜在优势项目“挤出”发展空间，主推开发区经济高质量发展。

东风小康项目迁建工程是省级重点项目，十堰市工业项目“一号工程”，市委、市政府高度重视，该工程的质量和工期直接影响到东风小康公司的落地投产时间，事关开发区经济发展全局。

七月正值高温酷暑天气，开发区领导隔三岔五地来到东风小康迁建项目工地，有时白天太忙，就下班时间来到灯火通明的工地，了解情况，询问进度，解决问题。开发区领导认为，只有沉下身子主动服务，把服务对象当亲人，才能推动各项工作顺利开展。

在开发区领导的关心下，东风小康迁建项目地基处理工程顺利完工，为东风小康公司顺利进场建设厂房创造了条件。

惊涛拍岸：从“扶优扶强”到“提质增效”

“打造高质量发展增长极，加快建设千亿产业园区”，并不是一件容易的事情。不仅要盘活存量，更要在不断培优扶强骨干企业上做文章，以龙头企业带动辐射整个产业链的发展。

汽车生产车间

开发区是十堰市非公有制经济聚集区。要让企业创收，首先要服务好企业；要服务好企业，就要增强服务意识，处理好政商关系。

行动之前，理念先行。开发区领导提出：要牢固树立“产业第一，企业家老大”理念，真心服务企业，真诚解决难题，把“服务 +”活动向纵深推进，为企业提供更优质服务，推动开发区经济高质量发展。

为了做好这一点，开发区采取了一系列措施：开展“服务 +”活动，深入推进“放管服”改革，积极构建“亲”“清”新型政商关系。

十堰泰祥实业公司主要从事汽车发动机主轴承盖生产和销售。2012 年，该公司入驻十堰经济技术开发区龙门工业园，自 2015 年起，每年上缴利税在 3000 万元以上。“服务 +”工作组走访该企业时发现，政府应按照招商引资政策兑现奖励。为此，开发区专门为该公司制发表彰文件，授予其“突出贡献企业”荣誉称号，并一次性兑现政策奖励资金 450 万元。

“我们向工作组提交了入驻园区时签订的协议，结果真的兑现了奖励！”十堰泰祥实业股份有限公司常务副总经理何华强说，“开发区集中重奖企业，树立了开发区一个诚信政府的‘标杆’，可以引导辖区企业把更多的精力聚焦到自己的主业，促进实体经济的发展。”

泰祥实业受到重奖，只是开发区按照招商政策向企业兑现奖励资金的一个缩影，传递的是开发区“口惠且实惠”的正能量。开展“服务+”活动，不仅要向企业兑现承诺，更重要的是为企业排忧解难。据统计，2018年上半年，开发区共组织10个工作组走访企业102家，调研收集了212个企业困难问题，并进行了解决。

2018年以来，开发区以探索构建“亲”“清”新型政商关系为抓手，以清廉之“清”促进亲和之“亲”，全力推进“互联网+放管服”，改革落实落地落细，为企业的发展营造良好的社会环境和氛围。

开发区制定出台《关于构建亲清政商关系的暂行办法》，明确规定了“十必须”正面清单，激励干部“有作有为”；明确提出了“十不准”和“六不得”负面清单，给政商双方违规行为戴上“紧箍”，着力优化重商、尊商、爱商、护商、亲商的经济发展环境。

2018年上半年，全区共办理行政审批和政务服务事项48935件，办结率100%；新增各类市场主体729个，其中，新增企业160个，新增个体工商户559个，新增农村专业合作社10个，注册资本4.02亿元。

针对人力资源问题，开发区组织人事部通过实施精准招工、加大人才引进力度、开展技术合作等方式，破解招工难题，为企业输送人才1700余人；针对融资问题，开发区金融办积极同银行、担保公司、融资租赁公司等沟通联系，为企业牵线搭桥，畅通融资渠道……

未来三年，辖区（白浪片）空间新增10平方千米以上，培育2家至5家过百亿级领军企业，规上工业企业100家以上，企业整车产销达到 50 万辆，工业产值突破千亿元以上，努力把开发区建成全国重要的新能源车生产基地和全省重要的乘用车生产基地，奋力建设现代经济强区。届时，十堰经开区将重演“群雄逐鹿、百舸争流，飞速发展、政商共赢”的精彩剧目，在全国经济发展的浪涛中奋力搏击……

“沉舟侧畔千帆过，病树前头万木春”。目标既定，奋斗以成。开发区领导认为:“要坚定不移推进‘工业强区’战略，把推动新型工业发展摆在更加突出的位置，明确重点扶优扶强，全力推动开发区高质量跨越式发展。这一举措，将为开发区打造新的千亿级产业园区提供有力支撑。”

（文 / 侯化文　刘爱理　图 / 十堰经济技术开发区提供）

企业链接

凝心聚力创奇迹

——东风小康（十堰）迁建项目地基处理工程建设纪实

2017 年 12 月 4 日，东风小康汽车有限公司在十堰市委、市政府和东风汽车公司的大力支持下，与十堰经济技术开发区管委会正式签订了东风小康（十堰）迁建项目。

项目选址十堰经济技术开发区神鹰工业园，占地 2008 亩，总投资 30 亿元。该项目作为十堰市建市和东风公司建厂 50 周年“双庆”献礼

东风小康迁建项目选址神鹰工业园，紧邻武当山机场，交通区位优势明显

项目，要求在2019年9月建成投产，成为国内合资品牌中级车制造工厂标准的现代化、智能化乘用车生产基地，一举改变十堰只产商用车“一主独大”的汽车产业格局。

烫手山芋　地基处理之难超乎想象

拟建项目建筑、生产线对地基要求极高，要求地层上部15米以内土体地基承载力特征值fak不小于200KPa，压缩模量Es不小于20MPa；15米以下压缩模量Es不小于12MPa，以满足厂房结构及生产线等对地基的使用要求。但项目选址原始地貌为山丘沟谷相间，经削峰填谷逐步整平形成。目标地层为新近回填的深厚填土层，最大厚度约50米，由开山切坡抛填形成，地基严重不均匀。项目要求一次性处理到位，工期紧迫，必须80天完成东风小康核心厂区1500亩场地的地基处理任务，同时工程造价控制在1.7亿元以内。因此，地基处理方案须兼顾工期的快捷性、成本的经济性、技术的安全和可行性以及施工的便利性，难度之大可想而知。

该项目引进耗资成本之高、地基处理任务之艰巨与项目本身承载着十堰汽车产业提档升级的重大意义，让此项工程成了“烫手的山芋”。市委、市政府和东风公司高度重视，十堰经济开发区更是竭尽全力对项目跟踪服务，使出浑身解数挑战“不可能”完成的任务。

千挑万选　面向全国摆擂优选方案

为加快推进东风小康（十堰）迁建项目顺利落地开工建设，十堰开发区派人分赴北京、上海、武汉、广州、深圳等地，邀请国内权威地质、岩土工程专家前来为地基处理工程“会诊把脉”，按照东风小康公司对地基处理的要求，提出了工程造价从1.7亿—7.6亿元、工期从3—12个月不等的多个方案，通过组织国内权威专家对项目设计施工方案进行反复论证，最终确定工期最短、造价最低、质量最可靠的优选方案。

2018年5月，十堰开发区面向全国公开招标，由具有专业实力及工程经验的中南勘察设计院与福建建坤建设工程有限公司联合中标，共同负责东风小康（十堰）迁建项目地基处理工程设计施工总承包（EPC）的实施。

2018年6月11日，东风小康（十堰）迁建项目地基处理工程正式开工，该项目主要采用DJP工法、注浆加固结合高能级强夯，以确保东风小康核心厂区项目建筑安全及工程质量。

中南院项目经理赵鹏飞告诉记者：“传统的工艺需要引孔、下套管，然后再用一台设备进行高喷，是需要两台设备分三步完成的，但是我们这台设备一次性就到位，钻下去、提起来，这根桩基就完成了，使用DJP工艺，效率大大提高了。”

据介绍，DJP 工法（潜孔冲击高压旋喷桩）是对传统旋喷桩施工技术的重大革新，技术原理和施工工艺达到国际先进水平，可在各种地层条件和场地环境下，形成直径大、强度高的水泥土桩。它也是一种高效、绿色、环保的新型施工技术，相比传统工艺，水和水泥用量减少约 25%，泥浆排放量减少约 60%，工程造价降低约 20%，施工工期缩短约 20%。另外 DJP 桩整个施工过程中基本没有扬尘，完全符合当前十堰市大气污染防治相关要求，是一种真正绿色环保的施工工法。

一鼓作气　“五保”目标顺利实现

项目开工以来，市委、市政府主要领导高度关注，开发区主要领导更是每周数次到工地督办工程进度，并专门成立了重点项目服务专班，负责协调保障现场供水、供电，严格督促工程进度及督查工程质量和安全问题。东风小康公司安排专业技术人员常驻现场，及时研究解决施工生产中的工程技术问题。市国土、规划、环保等职能部门倾力支持，主动服务项目建设。在项目实施过程中，参建单位始终把市委、市政府提出的“保进度、保质量、保成本、保安全、保环保”的“五保”目标作为项目施工的指导方针，确保项目建设优质、高效推进。

项目自开工建设，各种困难纷至沓来，“伴随”整个施工全过程。一是时间紧，任务重。80 天要完成 1500 亩回填场地的地基处理，任务本身就是极其艰巨的。施工单位不计代价，从北京、浙江舟山调集 9 台 DJP 桩机，从四川、湖南等地调集 25 台潜孔锤，从陕西、山东等地调集 16 台强夯机械投入施工，挖掘机、工程车更是不计其数，施工高峰期现场施工机械多达 300 多台（套），每天消耗柴油费用超过 100 万元，耗电 10 万多度。二是该项目采用的 DJP 工艺施工，对水电供应需求量巨大，工地原来配备的临时水电供给严重不足。为确保工期，十堰经济开发区一边积极筹措资金，投入800余万元对水电设施进行扩容、增容，同时，施工单位大量使用柴油动力设备补充临时供电，并组织多辆油罐车直接驻扎工地保障柴油供给，还动用了十余台水车从园区以外运水，保证施工过程每天2000吨的用水量。三是十堰市大气污染防治要求很高，虽然DJP桩基施工扬尘不大，但近2000亩的山地刨面，几百台工程车辆往来穿梭，扬尘控制难度不言而喻。为此，施工现场一边及时在处理完毕的地面上铺设防尘网，一边组织洒水车不间断在工地上洒水降尘。四是战高温酷暑。80天的工期正值夏季高温酷暑，现场地表温度高达45℃，施工单位“抢晴天、战雨天”，充分发扬“5+2、白加黑”的精神，采取“人歇机不停”的方式昼夜作战，有力保证了工程按期完工。

万事俱备　十堰项目建设史无前例

可喜的是，在克服重重困难的过程中，工程也不断刷新着十堰项目建设历史的新纪录。迄今为止，该项目创造了全市乃至全省多项第一，它是湖北省地基处理面积最大、填土处理最深的项目，是全

经过80天的昼夜奋战，占地2008亩的东风小康（十堰）迁建项目工地（刘爱理　摄）

省首次大规模采用DJP工法施工的项目，同时也是十堰市第一次用15000KN.m强夯能级进行地基处理的工程项目，还是十堰市第一个工业厂房开工建设之前所有手续全部办理到位的工业项目。

目前，东风小康（十堰）迁建项目1500亩核心厂区地基处理工程已经完工，完成钻孔注浆4827根、113448延米，十堰开发区仅在前期地基处理、环保扬尘治理、项目临时用电设施改造、土地出让金及各项税金等项目上投入资金已超过4亿元。

如今，地基处理工程质量检测捷报频传。项目建设单位十堰开发区城投公司委托的第三方检测、施工单位委托的自检检测及项目使用单位东风小康公司委托的检测单位，通过采用静载荷试验、动力触探、瑞利波、钻孔取芯等方式对地基处理效果进行检测，从多种方式、多家检测单位的检测结果来看，地基处理达到预期目标，各项指标均符合东风小康公司厂房设计的要求，前期准备工作一切就绪，为东风小康公司进场开始厂房建设扫平一切障碍。

整个工程，要求之高，时间之短，难度之大，前所未有；政府重视，领导关注，媒体聚焦，前所未有；市直部门倾力支持，主动服务，效率之高，前所未有。十堰经济技术开发区发扬苦干实干加巧干的精神，变不可能为可能，昼夜奋战80天克难攻坚，创造了十堰地基处理和项目建设工作的多项第一，堪称十堰重大项目服务的典范。我们相信，未来的东风小康将在不断创造奇迹的沃土上，实现全新跨越，再创新的奇迹和辉煌！

（文图由十堰经济技术开发区提供）

荒野崛起汽车城

——武汉经济技术开发区发展回眸

在武汉的西南边，有一个产城融合的现代化新城，它就是武汉经济技术开发区，也叫武汉开发区。1991年5月16日，沐浴着改革开放

日新月异的武汉经济技术开发区（湖北日报全媒记者　陈勇　摄）

2018 年 7 月 11 日，专家在武汉经济技术开发区南太子湖创新谷，详细了解武汉众宇动力系统科技有限公司生产的氢燃料电池车用动力系统　　　　（湖北日报全媒记者　魏铼　摄）

的春风，承载着发展轿车产业的国家使命，武汉经济技术开发区在这里破土动工，开启了波澜壮阔的发展历程。

27 年来，武汉经济技术开发区栉风沐雨，从白手起家到成为武汉经济的主要支撑，武汉经济技术开发区经历了改革的“阵痛”，也收获了累累硕果。如今，曾经的农田荒野已变成工厂林立的园区，曾经的乡村已变成车水马龙的闹市。武汉经济技术开发区已成为我国汽车产业聚集度最高的地区之一，成为名副其实的“中国车都”。

是什么力量让开发区产生沧海桑田的巨变？武汉经济技术开发区人以实际行动给出了回答。

承接国家使命　迈开逐梦之旅

武汉经济技术开发区（以下简称开发区）从诞生的那一刻起，就肩负着国家使命。这种使命，鼓舞着开发区人大胆尝试，披荆斩棘，一往无前。

在武汉人的心中，很早就有一个“轿车梦”。1988 年 10 月，第二汽车制造厂（以下简称二汽）30 万辆轿车总装厂落户沌口。1990 年 12 月，二汽与雪铁龙合资项目在巴黎正式签约。在当时的经济环境下，这是吸纳国外资金、技术和人才的一次机会，也是武汉实现城市振兴的一次重大机遇。新成立的轿车产业开发区，由时任武汉市市长亲自担任管委会主任。

开发区成立之初，国家没拨一分钱，资金全靠自筹。当时，供电、供水、排水、道路、电信等 11 项基础设施，总共需要投入 5 亿多元。为此，武汉举全市之力支持开发区建设，市属各单位各部门有钱出钱，有力出力，通力合作。驻武汉官兵几千人和市直机关干部浩浩荡荡开进开发区，挥锹抡镐，植树造林，把一片红土变成了绿林。

为了使开发区建设粗具规模，开发区人顽强拼搏、艰苦创业。开发区管委会刚成立时，在沌口一个粮站里办公，十几个人挤在一间办公室里。“冬天四面漏风，特别冷，我们就烤点木炭，把室内熏得乌烟瘴气的。要过年了，没有收入，我就跑到市政府里。当时那边正在做豆腐，我拿了两个桶，提了两桶豆腐回来，一人分几块豆腐，就把年过了。”第一代开发区人任德亮回忆道。

宝剑锋从磨砺出，梅花香自苦寒来。从 1991 年 9 月第一家企业立项，到 1992 年年底，一年多时间，开发区引入 53 个项目，投资总额达 57 亿元。在当时，这是一个了不起的数字。

东风本田二厂生产线

神龙公司生产线

东风新能源汽车产业示范园的车间里，两台机器人正在组装车用电动机转子

（湖北日报全媒记者　魏铼　摄）

1992年11月18日，时任国务院总理李鹏和副总理邹家华来到开发区。李鹏参观开发区并兴致勃勃地驾驶“富康”轿车后，欣然题词：“神龙飞驰中华，前程远大”。

邹家华副总理对武汉市为神龙公司提供的外部条件十分满意，连声说：“武汉人说话是算数的。”

27年来，神龙、东风本田和东风雷诺等汽车企业和法雷奥、格特拉克、纳铁福等世界知名零部件厂商陆续在武汉经济技术开发区聚集，这里成为驰名中外的“中国车都”。除了生产车辆，开发区每年还生产1200万台（套）家电以及大量食品饮料。

2017年，武汉经济技术开发区（汉南区）地区生产总值达1443亿元，位列全市各区（功能区）第一，规模以上工业总产值达3403亿元，位列全市第一，汽车产业产值甚至占到全省三分之一。

行政服务方面，武汉经济技术开发区在创立之初，就立志于打造“内地特区”，尝试施行“一枚章对外，一支笔审批，一条龙服务”。武汉市委、市政府授予开发区市级经济管理权限。神龙汽车配件公司等10家企业，一天就办完了企业审批手续。开发区人以敢闯、敢试验、敢冒风险的“沌口精神”，为探索新的行政服务模式探路。

直到今天，武汉经济技术开发区的行政管理模式改革仍然引领全市的管理模式，开发区推进扁平化管理方式，将54个党政机构整合精减为23个，设立了全市首家行政审批局，实现“一枚印章”管理审批；整合设立市场监管局，实现“九龙治水”向“一条龙监管”转变；厘清园区与街道职能，将园区作为实施产业创新驱动发展战略的主要平台……

今天的武汉经济技术开发区，不负当年所望，经济总量位居全市第一，已经成为湖北和武汉经济的主要支撑。行驶在东风大道高架桥的两侧，可以看见武汉大规模的工业走廊。地铁3号线、6号线穿城而过，商圈林立，绿树掩映，湖泊公园散布其间……一座时尚现代之城已屹立在眼前。

紧随科技浪潮　倾心“二次创业”

27年来，作为湖北改革开放的重要窗口和试验田，武汉经济技术开发区以敢为人先的精神，大胆尝试，一跃成为湖北省改革开放排头兵。

改革开放以来，我国经济社会发生翻天覆地的变化，以人工智能、信息技术、新能源技术等为代表的新一轮技术革命引发的产业变革，迅猛推进。在这种背景下，未来武汉经济技术开发区靠什么继续当好改革开放的排头兵，摆在了决策者的面前。是继续依靠政策红利吸引外资和引进技术、实现区域经济高速增长，还是主动出击，踏着新一轮科技革命浪潮，搏击浪尖？武汉经济技术开发区的答案是主动出击。

如果说2017年是武汉经济技术开发区探索新动能、确立新航向之年，那么2018年则是武汉经济技术开发区沿着既定目标，奋楫前行之年。

2017年下半年，武汉经济技术开发区确立“1234”发展战略①，明确提出“五个”转型，全力建设“四都”发展路径。

“五个”转型，指推动传统汽车向下一代汽车转型升级，推动传统制造向智能制造转型升级，推动产业向“多极支撑”转型升级，推动从要素驱动向创新驱动发展转型升级，推动从注重产业发展向产城融合新城转型升级。“四都”，即全球知名车都、机器人之都、智能家居之都和通用航空之都。

2018年，武汉经济技术开发区吹响转型发展集结号。2月，开发区拿出巨资奖励辖区有功企业的同时，在全省率先提出“二次创业”。纵观开发区半年来的发展路径，一个显著特征是，围绕“四都”培育龙头企业，进行全要素、全产业链、全地域谋划。

努力拓展汽车产业，开发区围绕“智能化、网联化、电动化、轻量化、共享化”发展趋势谋篇布局，2018年上半年，东风新能源汽车产业园、东风航盛汽车电子电控、雄韬氢能源产业园、4G5G汽车芯片和通信模组、东风技术中心三期、武汉雄众氢能基地、国氢新能源等项目，相继开工或完工，一个全新的新能源汽车产业生态圈正逐步形成。

---

① “1234”发展战略：“一个愿景”，即打造全球知名“车都”；“两条路径”，即坚持稳中求进总基调，保持经济平稳健康较快发展和坚持转型升级、高质量发展，形成经济发展新动能；“三项重点”，即实现经济、城市、民生升级；“四个目标”，即打造国家产业转型发展示范区、大众创业万众创新集聚区、开放型经济和体制创新先行区、现代化国际化生态化大武汉建设引领区。

武汉经济技术开发区城市面貌日新月异

围绕建设“全球知名车都”，开发区重点发展车联网、汽车物流、汽车文化及运动、二手车及汽车租赁行业，引进了吉利亿咖通车联网、谱尼华中检测基地、中国汽车技术研究中心、国家新能源汽车质量监督检验中心、一号车市汽车消费目的地、艾车汽车后市场、华砺车联网、长久汽车物流、长安民生物流等项目。

围绕建设“机器人之都”，开发区大力推动工厂智能化改造，着力引进了华夏幸福机器人产业园、人工智能科技园、发那科机器人、上海明匠智能系统、武汉方德机器人等智能制造类项目。

围绕“智能家居之都”，开发区在支持海尔、美的、格力等大型家电企业做强做大的同时，拓展智能家电在家居安防、医疗保健、虚拟现实、社区电商、物业管理等方面的应用，建立家电及其核心零部件的研发和生产基地，并以智能家电为基础，拓展智慧家居产业体系，同时大力发展绿色装配式建筑和 BIM 技术。

围绕“通用航空之都”，充分发展航空器材研发与制造、飞行运动、飞行竞技、教育培训产业。在引进北斗及卫星应用经营、武汉国际航空工程中心、华夏发动机等多个通航项目基础上，又引进了中城建武汉通用航空制造中心、爱飞客华中产业基地、意大利火神等 6 个重大通航项目，涵盖通用航空产业全产业链。

2018 年 5 月 20 日，本田公务机华中运营基地落户开发区。5 月 31 日，武汉首个青少年航空科普基地在汉南通用航空机场揭牌……

武汉经济技术开发区，正以昂扬的姿态融入新的科技浪潮，力争继续担当湖北改革开放的排头兵。

发挥人才优势　布局全产业链

人才是第一资源，是第一生产力。要抓住稍纵即逝的机遇，关键在人才。

2018 年 5 月，武汉经济技术开发区“校园招”在相继走进武汉大学、华中科技大学、复旦大学、南京大学、清华大学、四川大学等高

“醉”美车都（张斌　摄）

校的基础上，又走进武汉理工大学，现场供岗 4300 多个。年薪 10 万元以上的岗位 1400 多个，年薪 20 万元以上岗位近 50 个，最高年薪达 50 万元。

抢占未来发展制高点，需要培养和引进各领域领军人物。

2018 年以来，武汉经济技术开发区顶尖智库论坛、赛事活动“你方唱罢我登场”。大咖云集，新理念、新思维、颠覆性新技术竞相碰撞。一场场头脑风暴在拓展机关干部和企业家视野的同时，也巧妙搭建了一个个引才平台。

6 月 26 日，“中法智能出行论坛”在武汉经济技术开发区举行。中法产学研顶尖人才围绕自动驾驶、新能源汽车等话题，在分享交流未来产业发展机遇及挑战的同时，也打开了新一轮中法合作的大门。

7 月 11 日至 12 日，来自中国工程院、清华大学等单位的 29 名院士专家，为开发区打造世界级智能汽车产业集群建言献策。

……

7 月 26 日，首届 RoboCom 国际高端人才创业大赛在武汉经济技术开发区举行。该赛是世界机器人大赛总决赛重要组成部分，有全球 15

支顶尖团队进行路演，展现了机器人未来广阔的应用前景。在现场，有9个项目落户武汉经济技术开发区。

“借大赛之机，邀请全球顶尖院士专家来汉把脉问诊，并通过他们向世界顶尖人才和团队传递武汉发展机器人产业的决心，吸引顶尖人才来汉创新创业。”该赛组委会负责人说。

现代产业发展的特点是集聚发展。武汉经济技术开发区因车而兴，基础在汽车，未来发展也在汽车。

在7月11日“湖北武汉智能汽车发展战略院士专家咨询会”上，中国工程院院士周济说：“面对‘智能化、网联化、电动化、轻量化、共享化’的发展浪潮，武汉汽车产业发展出路在智能汽车，且武汉经济技术开发区有条件、有基础。”

周济建议，在未来，武汉可把汽车作为战略重点，建设世界级先进制造产业集群。

武汉经济技术开发区怎样打造世界级先进制造产业集群？第一要谋发展，第二要突出创新。

中国工程院副院长、院士钟志华说，过去汽车是一个简单的交通工具，现在可能是一个自动驾驶的多功能载体，包括移动终端、移动空间，或者移动的能源。发展智能汽车，政、产、学、研、用、金融几方面要结合，要破除体制机制障碍，真正加大投入，创新激励机制，培育、吸引人才，让市场发挥决定性作用。

抢抓发展的“时间窗口”，半年来，武汉经济技术开发区围绕下一代汽车全产业链，频频发力。

2018年6月11日上午，湖北省首座固定式加氢站在武汉经济技术开发区破土动工。该加氢站占地15亩，设计日供氢1000公斤，加氢站加注压力为35MPa，日均可满足约800辆小汽车或200辆大巴加氢需求。

6 月 28 日，武汉经济技术开发区召开的“氢能产业发展规划专家评审会”提出，2018—2019 年，开发区力争聚集 5—10 家燃料电池产业链相关企业，并建立氢能汽车示范运营平台；2020—2022 年，武汉经济技术开发区将成为武汉氢能产业核心区，2030 年实现千亿氢能产业。

……

专家认为，武汉经济技术开发区已形成较为完善的汽车及零部件产业链，它在全市抢先布局氢能产业，眼光敏锐，意义深远。

九万里风鹏正举。当前，武汉经济技术开发区已行动起来，以时不我待的紧迫感和危机感，创新实干，拼搏赶超，将为国家级开发区实现转型升级、为武汉建设国家中心城市和世界亮点城市再立新功。

（除署名外，文图由武汉经济技术开发区提供）

奋楫勇进立潮头

——襄阳高新区创新发展回眸

襄阳高新技术产业开发区，位于襄阳市东北部。1992年11月，伴随着经济全球化的浪潮，沐浴着改革开放的春风，襄阳高新技术产业

襄阳高新区汽车工业园

开发区（以下简称襄阳高新区）经国务院批准成立。

经过26年的发展，襄阳高新区已形成集中国（湖北）自由贸易试验区襄阳片区、襄阳科技城和高新技术产业园、汽车工业园、深圳工业园为一体的“一区一城三园”的产业格局。如今，襄阳高新区的产业体系不断成熟、基础配套不断完善、公共服务不断健全，为下一步跨越腾飞奠定了坚实基础。

乡间僻壤，沐浴改革开放春风

1992年是一个不同寻常的年份。这一年，邓小平发表南方谈话，国家确立社会主义市场经济体制的目标。这一年，襄阳高新区设立。如今，襄阳高新区走过26年，经过市场经济的洗礼，襄阳高新区展现出时代的风采。

26年一路走来，栉风沐雨，襄阳高新区发生了翻天覆地的变化。在这里，曾经的阡陌农田现已高楼林立，往昔的冷僻乡间今朝繁华一片。在这里，几代高新区人奉献青春，挥洒汗水，不断创造着辉煌与奇迹。

让我们来看一组数据：

襄阳高新区辖区面积由建区之初的7.5平方千米扩大到200平方千米，常住人口由3.2万人增加到21万人，各类注册企业由17家发展到11342家，营业总收入由3.7亿元增长到3150亿元，实现地区生产总值由1.35亿元增长到1008.2亿元。

数据见证的是变化，更是奇迹。

在这里，共有来自美国、英国、法国、德国、俄罗斯、日本、韩国、新加坡和中国香港地区、台湾地区等20多个国家和地区的企业进区投资。

襄阳高新区全貌

目前，襄阳高新区拥有外资企业108家，规模以上工业企业366家，世界500强企业28家，高新技术企业175家，上市公司6家，“新三板”挂牌企业10家，“新四板”挂牌企业123家，产值过百亿元的企业5家、过50亿元企业1家、过10亿元企业46家。襄阳高新区拥有国家新型工业化产业示范基地、国家创新型特色园区等26张“国牌”，向着质量强区、品牌兴区迈出坚实步伐。

在襄阳，高新区的作用和地位不言而喻。襄阳高新区的发展为襄阳市经济社会发展做出了重要贡献。目前，襄阳高新区综合实力在全国地市的高新区中排名第八位，其中营业收入和工业总产值分别位于全国第20位和第16位。在全国156个国家高新区排名连续保持进位态势，2017年位居第31位。

转型升级，开创“多业并举”新局面

2017 年，又是一个重要的年份。

这一年，党的十九大胜利召开，党和国家事业取得历史性成就，发生历史性变革；省十一次党代会和市委十三届五次全会相继召开，开启了襄阳绿色发展的新征程。

这一年，襄阳高新区抓转型、促升级，产业结构实现大调整。形成以汽车及汽车零部件产业为龙头，以高端装备制造、电子信息、新能源新材料、新能源汽车、生物医药、节能环保为支柱的“一个龙头、六大支柱”产业体系，产业结构更趋合理。集聚了天籁、英菲尼迪、新楼兰、西玛等高端品牌，主导产业高端化进程加快。

2017 年的成绩可圈可点，在这一年，襄阳高新区主导产业产值达到 2786 亿元，增长 15%；汽车产业和战略性新兴产业产值占比调整为

46 : 54，“一业独大”的发展格局正在改善。多极增长、多点支撑的产业发展格局逐步形成，经济的协调性、稳定性、可持续性大大增强。

现代服务业领域，取得突破性进展。以云计算、云呼叫、物联网、车联网为代表的信息服务业，以检验检测认证、现代物流为代表的生产性服务业，以科技创新平台、科技孵化平台、科技成果转化平台为代表的科技服务业，以创投、风投、股权基金、融资租赁为代表的金融服务业和以工业设计、公共软件开发等为代表的创意产业方兴未艾、蓬勃发展、势头强劲，产业结构正从工业“一业独大”向二、三产业协调发展迈进。

体制创新，拓展“放管服”改革新思路

行政审批制度的改革，关系到机构运转效率，对市场有着深刻的影响。能否在这一块跨出一步，关系到开发区能否高效和高质量发展。

2014 年 9 月，襄阳高新区推行“三个一”改革，形成了“一枚印章管审批、一个部门管市场、一支队伍管执法”的“三位一体”行政管理体制。2017 年 4 月 1 日，中国（湖北）自由贸易试验区襄阳片区挂牌。从这以后，襄阳高新区又打造“三个一”改革升级版，形成“大监管”格局，开创“大综合”执法，深化改革不断取得新突破。襄阳高新区行政审批局荣获“湖北改革奖”，“三个一”改革被纳入湖北自贸区改革创新案例。

“自贸片区就是高新区，高新区就是自贸片区。”在襄阳高新区已经成为不少党员干部经常说的话。原来，高新区早已构建了“全民自贸”的工作体系：以襄阳自贸片区综合协调办为基础，充分整合改革部门，有效借助审改部门，一起发力；4 个自贸专题组明确分工，有效衔接各领域的改革任务；18 个专项改革小组按照自贸片区改革的方向深入开

展工作，力求由点到面推进改革。

沿着这个思路，抓好高新区与襄阳自贸片区的深度融合工作，成为改革的一个关键点。高新区在区直19个部门加挂自贸片区机构牌子，着力把改革工作责任分解、下沉，使各部门由“要我干”转为“我要干”；各成员单位成立了自贸工作专班，加大部门内部的协调落实力度，强化了自贸工作的统一调度和督办。

目前，襄阳自贸片区已经完成1个总规、3个控规的编制工作。襄阳自贸片区棚改工作已按照自贸片区总规要求全面启动。综保区项目建设方面，总投资达56亿元、总用地面积3003亩的综保区项目正在加速推进。

按照能减则减、能合则合的原则，襄阳自贸片区按下便民利企“快进键”，全面梳理、分类整合涉企证照事项，将涉企准入准营备案事项纳入“多证合一”整合范围，将不宜整合的涉企准营事项全部纳入“一网联办”范围，目前已经实现“四十七证合一、九十证联办”。

“四十七证合一、九十证联办”，就是自贸片区在原有“二十七证合一”的基础上，将公章刻制备案、海关进出口货物发货人注册登记、医疗器械出口备案等涉及14个审批部门20项涉企准入准营备案事项也纳入“多证合一、一照一码”整合范围，被整合证照事项不再单独发放；对人力资源服务机构设立、燃气经营许可等90项涉企准入准营审批事项，全部实行“一窗受理、一网联办”。

以往，不少企业的工商营业执照办理速度很快，在办证环节却困难重重。为了有效破解市场主体“准入不准营”的难题，襄阳自贸片区大力实施“证照分离”改革，“减”环节、“压”时限、“优”流程，激发市场主体创业经营活力。

为吸引符合“高精尖缺”和市场需求导向的科技领军人才、国际

襄阳市检测认证产业园

企业家、高技能人才落户，襄阳自贸片区打造国际人才引进“直通车”，整合公安出入境、外侨、人社部门职能，提供“一个窗口受理、一条龙服务、一站式办结”服务，简化工作手续办理流程。

势头强劲，培育科技“新动能”

“3D 打印”对于许多人而言，并不是一个陌生的话题。走进位于襄阳科技城的华中 3D 打印快速智造创新中心，可以看到大大小小的 3D 打印机各司其职，快速打印出一件件精美的产品：新能源汽车配件、航空航天座椅、人体器官模型……这是创新中心常见的一幕。

华中 3D 打印快速智造创新中心整合了襄阳市新能源、航空航天、汽车制造等产业的资源优势，旨在推动先进制造技术在襄阳的发展与应用，培育战略性新兴产业。入驻襄阳科技城的，还有中国科协创新驱动科技成果转化服务中心襄阳分中心。该中心以中关村天合科技成果转化促进中心为依托，打造出一个“互联网 + 科技成果转化”公共服务平台。自揭牌运营以来，该中心已采集各类产业、行业和企业科技需求信息 100 余项，向中关村天合科技成果转化促进中心及有关高等院校和科研机构筛选推送30项，协议引进知名专家18人。

无人机、生物技术、3D打印……襄阳科技城内的每一个项目都在抢占着科技创新的先机。作为襄阳高新区“一区一城三园”布局中的“一城”，襄阳科技城承载着襄阳高新区乃至襄阳市高端人才聚集、科技成果转化、企业孵化加速等重要职能，是襄阳高新区转型发展的重要引擎。

截至目前，襄阳科技城已吸纳高端人才团队17个，引进科技项目（平台）17个，提供有效信息25个；完成项目合同投资额15.7亿元，实际到位资金3.82亿元，其中引进投资额过5亿元工业项目1个。同时，高新技术企业申报3家，发明专利申报51件，科技成果转化2项，新增规模以上服务业2家、规模以上服务业营收2000万元。

2018年上半年，高新区申报高新技术企业64家，其中新认定40家，完成全年申报任务数的58%；完成技术合同登记525项，技术合同登记额达到12.8亿元，完成全年任务的51%，上报科技成果转化项目20项，完成全年任务的69%；新增入孵企业104家，完成全年任务的52%。各项科技工作指标均实现“双过半”。与此同时，高新区加强创新载体搭建，促进“双创”工作提档升级。新申报了5家省级众创空间、5家市级众创空间及1家市级孵化器。

针对襄阳学生创业群体活跃的优势和大城市众创空间运作相对成熟的情况，高新区开展企业培训、技术交流活动，进一步加强区域创新体系与平台建设。2018年上半年，高新区组织区内219家企业报名参加第七届中国创新创业大赛，通过大赛收集优质企业项目，打造襄阳科技创业知名品牌。推荐60多个“双创”项目参加“2018知识产权·襄阳卧龙汇”科技创业路演活动。

在知识产权示范园区建设方面，2018年上半年，高新区共组织8

家企业申报湖北省知识产权示范企业，15 家企业通过国家管理规范认证。2018 年上半年，该区授权发明专利达到 73 件，位居全市第一。

不仅要把人才引进来，还要让人才留得住、用得好。为此，襄阳高新区探索实行更加积极、更加开放、更加有效的人才政策，制订《产业工人队伍建设改革实施方案》，出台《服务企业用工十条办法》。在招才引智方面，襄阳高新区党工委大员上阵，组团赴外招才引智。2018 年上半年，高新区新引进创新创业团队 17 个、各类高层次人才 100 余人，3000 多名大学生就业创业，提供 700 多个实习实训岗位，为企业定向培养输送技能人才 400 多人。高新区积极打造人才“暖窝”，依托“一区、一城、一市、一中心”（襄阳自贸片区、襄阳科技城、人才超市、创业中心）人才工作项目建设，提供全过程、全要素、全方位服务。

任重道远，建设“新能源汽车之都”

襄阳素有“汽车城”的美名，汽车及零部件产业一直是襄阳高新

襄阳高新区政务服务中心

区的龙头和支柱产业，经过20多年发展，襄阳高新区已建成门类齐全、配套完备的汽车工业，具备较为雄厚的汽车产业基础。

站在新的历史起点上，围绕襄阳自贸区发展定位，襄阳高新区以推进供给侧结构性改革为主线，推动汽车产业转型升级，重点聚焦新能源汽车产业发展。继2016年东风新能源ER30、美洋新能源E200成功下线后，2017年5月28日，雅致EQ1、EQ3、2017款卡通正式下线投产。2018年5月26日上午，东风日产襄阳工厂首辆奇骏下线，这意味着除天籁、楼兰、英菲尼迪、西玛等车型外，又一款日产明星车型在襄阳市生产。按照排产情况，奇骏可为东风日产襄阳工厂新增工业产值100亿元以上。这样一来，东风日产襄阳工厂全年产值有望突破400亿元大关。

2018年7月18日，由全通新能源汽车科技有限公司与东风股份新能源事业部共同开发、研制的新能源物流车EV350发布。这是“国家高端装备制造业（新能源汽车）标准化试点”花落高新区后，当地发布的又一款新能源汽车。

襄阳高新区已拥有3家新能源乘用车整车企业，新能源乘用车已拓展为5个品牌，整车多元化、品牌多样化的蓬勃发展态势已显现，特别是随着雅致和其他整车企业的不断达产，新能源汽车实现爆发性增长的未来可以期许，襄阳市打造“中国新能源汽车之都”的底气满满。

发动机是汽车的“心脏”。神龙汽车有限公司襄阳工厂每99秒生产一台发动机。作为襄阳最大的汽车零部件生产企业，神龙公司襄阳工厂目前已达到年产110万台发动机、51万台变速箱的生产能力。

一款新型车辆在批量生产、上市前，必须要经过权威机构的检验检测。新能源汽车作为国家能源环保战略重要内容，襄阳新能源汽车的影响和地位举足轻重：零部件、整车在这里形成了完整的产业链。

随着位于襄阳高新区的襄阳市检测认证产业园其中包括国家动力电池产品质量检验中心投入运营，将完全掌控新能源汽车能否最终通过检测上路的“话语权”。这为襄阳高新区在新能源汽车产业发展中获得话语权，赢得先发优势。

早在2012年，襄阳市就争取到了国家动力电池检验中心这张“国牌”。如今，襄阳市检测认证产业园项目一期已投入使用。因为技术领先、装备过硬，不少和通用、福特、本田、雪铁龙等大牌汽车厂商配套的蓄电池企业，都会把产品拿到襄阳来检测。该产业园立足襄阳产业发展实际，在新能源汽车领域主要检验电池、电机、电控、充电设施、动力系统等，是完善新能源汽车产业链的重要一环，为襄阳打造中国新能源汽车之都提供重要支撑。

无论是新能源汽车的“心脏”，还是新能源汽车的“外装”；无论是整车生产，还是电池检测；无论是品牌研发，还是运用推广……襄阳高新区正朝着建成以“整车研发、生产—检测基地—动力电池—驱动、控制系统—充电器生产和充电辅助系统—教育(培训)基地—示范运行—推广应用—售后服务”等新能源汽车产业链的方向推进，抢抓战略机遇，通过产业优势，利用品牌效应，完善产业体系，实现新能源汽车产值、产量双双高速增长。

日益壮大的规模、日趋完善的产业链和配套体系，不仅吸引更多优质项目落户襄阳，也带动了本土企业积极参与“新能源汽车之都”建设。为此，襄阳市相继出台《关于加快襄阳新能源汽车产业发展的实施意见》和《襄阳市新能源汽车推广应用实施办法》，扶持新能源汽车产业发展，并通过加强与中国汽车工业协会、中国汽车技术研究中心、东风汽车公司的对接，谋划编制《襄阳市新能源汽车“十三五”发展规划》和《襄阳建设“中国新能源汽车之都”总体规划(2016—

襄阳科技城开园

2020）》。

目前，襄阳市新能源汽车产业已形成整车研发生产、动力电池、驱动系统、检验检测、充电设备等较为完整的产业链，产品已打入上海、杭州、西安等 20 多个大中城市，推广数量在全国 9 个新能源汽车示范推广试点地级市中居首位。

2018 年是深入贯彻落实党的十九大精神的开局之年，是改革开放四十周年，是决胜全面建成小康社会、实施“十三五”规划承上启下的关键一年。风华正茂的襄阳高新区，正以昂扬的斗志，推动质量变革、效率变革、动力变革，力争走出一条结构优、质量高、效益好、生态美、百姓富的发展新路，形成绿色发展、减量化增长模式的样板，为襄阳“一极两中心”建设做出新的更大的贡献。

（文 / 李俊　肖阳　图 / 襄阳高新区提供）

宜居宜业新城美

——襄阳开发区（东津新区）产城融合纪实

从襄阳市东南方向的高速进入襄阳市，首先映入眼帘的是一座正在开发中的新城区，这就是东津新区。2018 年 8 月，骄阳似火。走进

东津新区（效果图）

东津新区工地，只听搅拌机“轰隆隆”作响，眼前运输车不断进进出出……现场一片热火朝天的工作景象。

这是在东津新区看到的一幕。东津新区隶属襄阳经济技术开发区。襄阳经济技术开发区是经国务院批准设立的国家级开发区，于 2010 年 9 月 26 日正式挂牌成立。下辖东津、刘集两个托管区。东津新区承载着襄阳现代化大城市的梦想，也是襄阳的未来城。随着东津新区的发展，其在襄阳经济技术开发区地位越来越重要。最新统计数据显示，襄阳市东津新区常住人口 13.6 万人，相比 2012 年增长 1.8 万人，这个传统农业区已拥有 2 万多名流动人口。

自 2012 年获批全省第一个城市新区以来，襄阳东津新区从一个农业乡镇，变为高楼林立、厂房整齐的现代都市新区，并于 2016 年年底成为全国首批产城融合示范区。

从无到有，由小到大，该区如何开辟一条产城融合发展新路?

产业发展聚人气

新城如何建？东津新区刚一设立，就面临这道考题。

不少城市在新城区建设中走过许多弯路。有的不顾产业资源禀赋条件，大片的工业园区唱起“空城计”；有的以房地产带动，产业没做起来，房子卖不出去，成为“鬼城”。

“必须坚持产业主导。”东津新区管委会主任肖勇认为，产业决定城市，产业引领城市，东津新区要发展，必须做深、做细、做透产业发展文章。

在九州新能源汽车集团有限公司，经常可以看见这一幕：明亮洁净的总装车间里，一辆辆新能源汽车正排队走下生产线。2016 年开工，2017 年实现批量生产，目前年产量达 1.5 万辆。“燃料电池是未来产业发展方向，我们已掌握相关生产技术，正着手进行物流车、客车、房车等十几个品种的研发。”该公司副总经理张贵涵介绍。

不远处的华为公司襄阳云计算基地，正记录着襄阳市产业转型升级的脚步。至少能提供10000台云服务器、80000T存储、20000台云电脑的云计算能力，让该基地成为华为公司华中大区产业支撑中心，以及全国乃至全球云服务业务承接中心和业务备份中心。

“襄阳是鄂豫陕渝毗邻区域唯一大城市，我们围绕智能制造、现代汽车服务、中部电商服务、大数据处理4个领域，推进襄阳华为大数据产业园建设。”基地负责人刘元元称。

2018年年初，总投资5亿元的北京瑞飞摩擦材料产业化项目落户东津。建成后，襄阳将可以生产用于高铁、动车、高档汽车的高端摩擦材料，年产值将超10亿元，填补襄阳高端装备制造的空白。

据悉，2018年以来，东津新区共签约项目22个，其中5亿元以上项目11个，完成实际投资达109亿元。

宜居宜业展新姿

促进产城融合，还得宜居宜业。东津新区党工委副书记、经济开发区管委会主任张宇辉介绍，该区大力开展基础设施及配套设备建设，全面完善新城区功能。

2017年，东津新区迎来建设“井喷”期，10多个大型项目陆续完工：襄阳市规划展览馆开馆，并成为襄阳新地标、新名片；40000平方米的襄阳市科技馆工程接近完工；襄阳三中、东津新区四中（初中部）西校区项目建设进入收尾阶段；高铁站将于2019年投入使用……

截至2018年4月，东津新区累计完成固定资产投资480亿元，其中完成基础设施建设投资223亿元，建成和在建道路共67条近130千

新市民落户襄阳东津新区（视界网　杜忠华　摄）

米，建设供排水、强电、弱电和燃气等各类管线 138 千米，绿化面积达 365 万平方米。

“公司落户东津新区已 2 年，公共基础设施建设日新月异，道路不断延伸，水电气设施不断完善，绿化越来越好……让我感到这里的发展越来越充满活力。”湖北新富车身股份有限公司常务副总经理杨永国感叹。“过去，这里配套设施不完善，没有集中的餐饮住宿娱乐区。外地来了朋友，还得安排到主城区住宿。”东津新区居民朱华娟说。如今，东津新区坚持以问题和需求为导向，着力提升基础配套设施质量，向“产业特色鲜明、城市功能完善，生态环境优美、宜居宜业的产城融合示范区”迈进。东津世纪城购物中心已经封顶、49 层酒店正在进行地下室施工。

目前，东津新区一大批民生项目正在建设或已投入使用。襄阳市中心医院东津院区日均接纳住院患者约千人，东津实验小学成为襄阳市教育信息化特色学校，襄阳四中初中部可容纳 1800 多名学生寄宿，襄阳三中新校区已经竣工……

2018年4月9日，襄阳华侨城文旅发展有限公司挂牌成立，该项目总投资500亿元，未来将形成集主题乐园、主题酒店、商业中心、影视娱乐、水上旅游、运动场馆、创意街区、商务办公、品质居住等多业态于一体的功能板块，辐射鄂豫陕等周边。

4月16日，湖北省委常委、襄阳市委书记李乐成调研襄阳市东津新区。他要求，明确目标、提高站位、以改革创新闯出一条产城融合发展的新路子。

东津新区建设是全省发展大战略中的一个重要布局，是省级战略市级实施。在未来的征程中，东津新区必将以更快的步伐、更高的姿态向前发展，在产城融合中率先走出一条具有自身特色的成功之路。

（除署名外，文图由襄阳开发区提供）

“华中硅谷”书新篇

——黄石经济技术开发区发展掠影

2018年5月30日，深圳“黄石电子信息产业招商推介会”现场，座无虚席。随着10个项目成功签约落户黄石经济技术开发区的消息宣

黄石经济技术开发区

黄金山科技园

布，现场掌声雷动。这是黄石经济技术开发区打造电子信息产业集聚区浓墨重彩的一笔。

黄石经济技术开发区（以下简称黄石开发区）成立于1992年，又称黄石高新技术产业园区，1994年经省政府批准成立省级开发区。2010年3月21日，经国务院批准，正式升级为国家级经济技术开发区，成为湖北省继武汉经济技术开发区后的第二家国家级开发区。

经过十几年的建设发展，黄石开发区各项事业从无到有，项目由少到多，企业从小到大，现已发展成为黄石重要的经济增长极和高新技术产业的密集区、外向型经济的示范区，已经形成了以涂镀板类新材料、光机电、生物医药等为代表的比较具有优势的特色高新技术产业。如今，信濠手机玻璃盖板、竞业电子PCB陶瓷锂电池、博尔思3D玻璃盖板等项目相继入驻黄石开发区。自2011年第一个电子企业落户以来，黄石开发区电子信息产业朋友圈不断扩容，成为继珠三角、长三角后国内第三大PCB产业集聚区。

从无到有　打造产业转型升级版

没有产业作支撑的城市，是一座“空心”城，是一座不可持续发展之城。

长期以来，黄石工业企业主要提供原材料和半成品加工，处于价值链底端。传统产业转型升级，必须延长产业链条。

面对从高速增长期“换挡”为中高速增长期的经济新常态，作为黄石经济的“火车头”，黄石开发区主动适应新常态，调整产业结构，将电子信息、装备制造、生物医药作为三大主导产业发展，不断建链、补链、强链。

电子信息产业作为高新技术产业的典型代表，带动了全球经济结构调整和发展方式转变，而黄石有着得天独厚的先天优势：被誉为电子信息产业之母的PCB印刷电路板产业链，是黄石铜精深加工产业链的延续和伸展。

黄石年产阴极铜约70万吨，完全可以满足铜基电子材料（如铜箔）、印刷电路板等的生产需求。同时，黄石地处四大经济圈之一的中三角经济圈的核心地带，是全国53个重点港口城市和133个客货主枢纽城市之一，拥有优良的经济发展周边环境。

打造“中部硅谷”，黄石志在必得。开发区是黄石发展的“大棋盘”，要建成电子信息产业走廊，打造成中国中部的硅谷，黄金山（黄石市黄金山工业区）将是黄石的“金山”。

沪士电子全称沪士电子股份有限公司，由台商吴礼淦于20世纪90年代在江苏昆山发起设立，主要从事各类印制电路板的生产、销售及售后服务。在昆山，具有一定规模的电子信息产业企业有数百家，其中电脑接插件占全球市场的50%左右，电子信息产业已经成为当地新

沪士电子

兴支柱产业。

2007 年，吴礼淦受邀到黄石考察，当时觉得黄石还不成气候。随着深度交往，他发现这座城市越来越“耐读”了。

在沪士电子团队全国多个城市“侦察”中，黄石最终在“城际铁路接通武汉，就像当年香港带动深圳一样”的比对声中脱颖而出。

2011 年 11 月 8 日，在省、市领导的见证下，总投资 33 亿元的沪士电子 PCB 项目在武汉签约——该项目落户黄石开发区。

2012 年年中，黄石沪士电子有限公司项目工程开工；2014 年年初，黄石沪士电子印刷电路板项目建成投产。

几年过去了，如今的沪士电子生产能力达到设计产能，进入全球通讯汽车板供应商的第一方阵，正准备二期扩建。该公司行政环工处处长高剑辉说：“生产正朝着印制电路板每月 30 多万米目标迈进！”“实际就是从无到有。”黄石开发区管委会党工委书记鲁友年介绍：“黄石是我国资源型城市、老工业基地转型的代表，在产业转型升级的探索与实践中，迫切需要打造一个新兴产业推动经济发展和城市转型。”经过认真考量，该区决定把科技含量高、产业带动强、市场前景好的电子信息产业作为发展首要产业，专门聘请国际咨询公司量身定制《黄石经济技术开发区电子信息产业规划》，科学谋划产业发展方向。

短短几年时间，电子信息企业聚集效应日益显现。黄石开发区犹如一块巨大磁石，释放出无限磁力，吸引着电子信息企业接二连三成功落户。电子信息产业“铁三角”——沪士电子、欣兴电子、定颖电子相继落户，光电子产品、电子基础材料、应用电子、嵌入式软件等配套项目接踵而至。

目前，黄石 PCB 产业产能总规模已超过 2000 万平方米 / 年，成为华中区域 PCB 产业综合实力最强、产能规模最大、集聚程度最高的地区，以及继珠三角、长三角后国内第三大 PCB 产业集聚区。

立壮志，绘宏图。到 2020 年，黄石开发区电子信息产业力争实现产值 1500 亿元，培育或引入产值过 30 亿元企业 8 家，产值过 10 亿元企业 15 家，规模以上企业 50 家。

强链补链　筑起新兴产业高地

2018 年 5 月 14 日，台光电子项目破土动工。“持续跟踪 8 年，这个硬骨头终于啃下来了。”黄石开发区招商局一位工作人员感慨。

台光电子项目总投资 10 亿元，主要生产研发粘合片、铜面基板、金属基板、IC载板等新型电子元器件材料，达产后预计年销售收入20亿元，创税8000万元。“经济效益固然可观，我们更看重它对全产业链的有益补充。”这位工作人员说。“招商不再‘眉毛胡子一把抓’，也不能‘捡到篮子里都是菜’。”开发区管委会负责人表示：“缺什么我们就招什么，我们要高质量招商，招高质量商，招符合产业方向的商。”

建链补链，新兴产业深扎根、广散叶，产业链条逐步延伸。在招商的过程中，黄石开发区不但引进上游配套企业如覆铜板、专用材料和专用设备类企业，还要引进产业链关键环节的配套企业以及智能终端企业，不断完善和壮大PCB产业链。“我们的产品需要大量覆铜板器件，黄石开发区内的工厂就能为我们供货，仅此一项就节约了价值不菲的物流成本。目前，园区内电子信息企业已形成集聚效应，相互之间实现协同生产，高效且成本低。”上达电子黄石公司副总经理陈春发说，“黄石开发区内部完整的产业链条为公司节约了大量成本”。

如今的黄石开发区，沪士电子、欣兴电子、定颖电子、上达电子、星河电路、西普电子、宏广电子、星光电子、永隆电路9家PCB生产及配套企业正在成为产业中坚力量；惠晶显示、华一显示、欧雷玛、京石电子、华版科技、全洋材料、赫德纳米等涉及玻璃减薄、镀膜、玻璃盖板、IC盖板、掩膜版等平板显示产业关键环节配套企业不断完善；天玑智谷、诺凯鸿等生产手机、平板电脑、智能机器人的智能终端企业，向高端产业链迈进，向价值链上游攀升。

漫步在黄石开发区，一个个建设工地塔吊林立、热火朝天，一座座现代化标准厂房拔地而起，一条条大道宽敞整洁方便快捷、一排排生产线上机器人“长袖善舞”、工人忙有而序……人们能清晰而真切地感受到黄石开发区强劲跳动的发展脉搏和发展不竭动力。

2018年5月24日，黄石开发区汪仁污水处理厂，设计规模达18

上达电子

万吨/日，目前规模达3万吨/日的一期工程已经完工。污浊的工业废水经过粗格栅、调节池、水解酸化池、高效沉淀池等多个环节后，水质达到国家一级A标准，变成一股清流，汩汩流向长江。

未来的黄石开发区，将围绕大冶湖生态新区规划，突出打造低能耗、低污染的生态型电子信息产业，重点发展新一代通信、物联网、云计算等新兴电子信息技术在更广领域、更深层次的应用，示范带动新一代信息技术产业不断发展。

良禽择木而栖。对于电子信息企业来说，黄石无疑已经成长为一棵根深叶茂的“大树”。在开发区“强链补链”的发展思路下，PCB产业链条在黄石形成闭环，这个闭环里有负责吸收养分的“树根”、有负责传输养分的“树干”、还有提供光合作用的“树叶”，它们结合在一起，创造了一片欣欣向荣的产业生态。

高位谋划　从产业链到生态圈

种下一棵树，收获一片绿。在电子信息产业集群的基础之上，更加宏伟的计划正徐徐展开。向更下游延伸，剑指终端市场，是黄石开发区的下一步谋划。

“黄石现在的PCB面板厂在国际上都是处于领先水平，这些企业的下游客户也是世界一流的电子消费终端和汽车类客户，而这些下游企业就是我们下一步要致力于引进的目标。”黄石开发区管委会副主任余文化透露：“PCB产业链的布局只是开发区发展道路上的第一步，未来该区将重点向平板光电显示、消费类电子和汽车电子三个产业方向拓展。”

“黄石毗邻武汉，那里有中国的光谷，也是重要的汽车之城，我们能够依托武汉实现融合发展；此外，将成为亚洲第一航空物流枢纽的鄂州顺丰机场距离经开区不足10千米，可以实现全球24小时通达。”余文化说。

上达电子黄石公司副总经理陈春发说，对于印制线路板这个行业来说，交通便利，能及时供货十分重要。他表示，目前该公司展示厅摆放的智能手机显示屏都使用了上达电子的FPC柔性电路板，其中不乏三星、华为、OPPO等知名品牌，通过向京东方供货，上达电子的产品被众多国内外“明星”手机产品所应用。也许不久之后，在黄石开发区的蓬勃生态中，也能窥见这些巨头的身影。

哪里基础薄弱就从哪里强基，哪里优势明显就从哪里增势。“没有后顾之忧，让我们更安心工作。”2018年6月5日，沪士电子员工李名阳说起岗位津贴时兴奋不已。每月800元岗位补贴，定时直接打进他的银行卡。

给李名阳吃下定心丸的是，黄石市及黄石开发区制定出台的企业用工岗位补贴政策。2017 年 3 月，黄石市政府专门筹资 2000 万元，黄石开发区再拿出 2000 万元，为黄石市电子信息企业员工发岗位补贴。根据规定，在岗超过 3 个月、签订 1 年以上劳动合同并缴纳社保费的员工均可享受岗位补贴，补贴金额从 200 元至 800 元不等，补贴期限为 2 年。此外，黄石开发区还拿出数百万元，为电子信息等产业的员工发放夜班补贴。

“我们的工资水平与昆山等地不相上下。”定颖电子（黄石）有限公司相关负责人说，该公司工资水平维持在 4400—4500 元，加上各种补贴，实际到手的收入比这一标准还要提高不少。“高水平福利待遇吸引产业工人聚集，我们不担心用工荒这一问题。”该负责人高兴地说。

真金白银补贴帮扶，大大提升了企业薪资竞争力，有效稳定了企业用工。在要素保障方面，黄石开发区还专门设立 50 亿元产业基金，出台了“金融十条”“用工十条”等五个“黄金十条”，从扶持资金、财税征收、土地园区、用工补贴等多个方面最大限度地支持产业发展。

通过打造支撑平台，优化服务环境，黄石开发区正在构建主题鲜明、要素可及、资源共享、协作协同、绿色循环、安居乐业的具有全球竞争优势的电子信息产业生态圈。

机遇叠加　插上腾飞翅膀

良好的区位优势，正在成为黄石开发区的发展底气。

从全国范围看，黄石几乎位于中国的几何中心，4 小时高铁交通圈，可以通达国内大多数大中城市。

从全省范围看，黄石紧邻武汉，毗邻中国光谷和重要的汽车之城，

欣益兴电子

让黄石依托武汉实现融合发展成为可能。

从区域范围来看，将成为亚洲第一航空物流枢纽的鄂州民用机场距离黄石开发区不足 10 千米，可以实现 24 小时通达全球。

除此以外，黄石开发区还拥有近水楼台的地利之先天优势。

2015 年 9 月，黄石新港顺利开港，成为长江中上游效率较高的现代化综合性公共码头之一，一条万吨级货轮只需 6 小时作业即可装卸完毕。

2018 年 5 月 24 日上午，位于黄石市阳新县棋盘洲的黄石新港 1 号泊位，巨大的“机器人”挥舞着铁臂，从集装箱中“抓”起满满一把黑煤，放入岸边一条长1300米的全封闭皮带廊道上，黑煤几分钟内直达堤外堆场。黄石新港正从物流层面有效促动黄石的电子信息企业加速集聚，这种集群发展效应，会使得整个行业的各项成本不断摊薄。“时间就是生命，电子信息企业最重要的是产品交货期，黄石新港建设将大大加快我们的物流速度。”星河电路总监柴利华兴奋地介绍道。

深入推动长江经济带发展、推动经济高质量发展的号角已经吹响。2018年4月26日，习近平总书记视察武汉时指出：“新形势下推动长江经济带发展，关键是要正确把握整体推进和重点突破、生态环境保护和经济发展、总体谋划和久久为功、破除旧动能和培育新动能、自我发展和协同发展的关系，坚持新发展理念，坚持稳中求进工作总基调，坚持共抓大保护、不搞大开发，加强改革创新、战略统筹、规划引导，以长江经济带发展推动经济高质量发展。”①

殷殷嘱托催人奋进，声声号角振奋人心。“黄石作为承接产业转移的重要工业城市，具有用工成本低廉、环境容量空间巨大等许多城市不可比拟的优势，黄石已经成为各方有识之士抢滩长江、布局华中的最佳目的地。”黄石市市长董卫民表示，抢抓长江经济带发展国家战略，黄石开发区已做好准备。

黄石作为长江经济带上的重要节点城市，在新一轮长江经济带发展中具有更多机遇和条件；黄石将进一步攥紧拳头，组合各类要素资源，把黄石开发区打造成为长江经济带上重要的电子信息产业集聚区、“山水园林市、最美工业城”宜居之地；黄石将以最诚恳务实的态度，提供最好的政务服务，保护投资者合法利益，促进互利共赢、共同发展。

举目已觉千山绿，宜趁东风马蹄疾。步入新时代的黄石开发区，

---

① 2018年4月26日，习近平总书记在深入推动长江经济带发展座谈会上的讲话。

正以不遗余力打造“华中硅谷”的姿态，拥抱来自全球的电子信息行业翘楚到来。黄石开发区的电子信息产业能量正在激情释放，新产业、新业态、新模式不断涌现……一幅充满生机与活力的产业画卷，正在东楚大地上徐徐展开。

（文图由黄石经济技术开发区提供）

产业兴来百业旺

——黄石大冶湖高新区发展纪实

2018年4月28日，黄石大冶湖国家级高新技术产业区（以下简称黄石大冶湖高新区）正式挂牌，为大冶坚持高质量、跑出加速度，实现率先全面建成小康社会注入新活力、增添新动能。

大冶湖高新区，突出“新”字特色，注重机制、人才、平台、招商等创新；坚持创新驱动、绿色引领、创业发展，探索独具特色的园区发展模式；形成装备制造、生命健康、节能环保、新材料四大新兴产业聚集区；打造新旧动能转换先行区、创新驱动发展引领区、机制体制改革试验区、高新技术人才聚集区、开放融合发展示范区，成为带动黄石高质量发展的“主力军”。

逐梦之旅，挺起工业强市新脊梁

2018年4月28日，在黄石大冶湖高新区，年产400万平方米过滤膜项目工地，一派热火朝天的景象。一个绿色生产示范基地、世界一流的现代化流体分离膜生产基地——“液态流体处理关键技术膜产品”制造中心破土动工。就在同一天，黄石大冶湖高新区在大冶正式挂牌，湖北省首个设在县级市的国家级高新区扬帆起航。

黄石大冶湖高新区的挂牌，预示着一个创新创业引领、产业转型先行、产城融合样板、绿色发展示范的国字号新高地出现，在大冶领跑全省县域经济、实现高质量发展的征程中再添浓墨重彩的一笔。

成果令人欣喜，然而逐梦之旅并不是一帆风顺。

时间回溯至1994年。

这一年，经湖北省人民政府批准，黄石大冶湖高新区前身——大冶经济开发区正式成立。2006年，通过国家发改委、国土资源部、住建部审核，公告面积为7.65平方千米。

2011年12月，湖北省人民政府批准大冶经济开发区为省级高新区。

2015年10月，省级高新区更名为“黄石大冶湖高新技术产业园区”，按照“一区多园”的发展模式，核心区面积为88.77平方千米。

回望来时路，黄石大冶湖国家高新区从无到有、从小到大，一路步履铿锵，一路高歌猛进。

2015年11月，一个更大的梦想在高新区人心中升腾——正式申报

黄石大冶湖国家高新区壮丽全景

黄石大冶湖高新技术产业园区为国家级高新技术产业开发区。

为什么要申报国家高新区？黄石市副市长、大冶市委书记李修武认为：“国家高新区是推动资源型城市转型的永动机、助力大冶发展的加速器。”创建国家级高新区，将有利于深入实施创新驱动发展战略，引领区域全面创新改革试验，探索出新时期资源型城市可持续发展的新模式；有利于发挥老工业基地优势，深化供给侧结构性改革，带动老工业基地生产力水平整体跃升；有利于深化生态文明建设，推动长江经济带绿色循环低碳发展，加快构建沿江绿色发展轴；有利于探索区域互动合作机制，为长江经济带全面创新改革试验区建设乃至湖北省建设国家创新型省份提供有力支撑。

梦想，绝不是轻轻松松、敲锣打鼓就能实现的。

在通往国家级的道路上，黄石大冶湖高新区朝哪儿走？如何走？走多快？一系列亟待解决的问题摆在大冶人的面前。

经过多方调研、多方论证、多方请教，国家级高新区轮廓在大冶市委、市政府一班人的脑海里日渐清晰——以创新驱动引领，把大冶湖高新区打造成产业转型先行区、创新创业引领区、绿色发展示范区、产城融合样板区。

很快，“四位一体”的发展定位确立——努力将黄石、大冶湖高新区建设成为自主创新的战略高地，培育和发展战略性新兴产业的核心载体，转变发展方式和调整经济结构的重要引擎，抢占世界高新技术产业制高点的前沿阵地。

一个高规格创建的领导小组随之成立。明确黄石大冶湖高新区党工委、管委会作为市委、市政府的派出机构，享有市级管理权限。

2015 年以来，黄石、大冶将创建大冶湖高新区作为全市重点工作，连续四年列入政府工作报告进行安排部署。建立黄石大冶湖高新区建设发展领导小组工作联席会议制度，定期研究、协调解决创建中的问题，在科技发展、土地收储、金融支撑、人才引进、规划建设等方面给予创建工作全力支持，并成立专家咨询委员会，为创建工作提供高水平的智库支持。

厉兵秣马，规划先行。把科技创新、高新技术产业发展、园区建设等纳入“十三五”规划编制的重要内容，在《黄石市城市总体规划（2001—2020）》《黄石市国民经济和社会发展第十三个五年规划纲要》中予以充分体现。聘请湖北省规划研究院、北京长城战略研究所等机构，先后编制完成《黄石大冶湖高新技术产业园区总体规划》《黄石大冶湖高新技术产业园区产业发展规划》《黄石大冶湖高新技术产业园区发展战略规划》等规划，着力构建“一心、一轴、三区、多园”的总体空间布局，促进黄石大冶湖高新区产城融合发展，努力把高新区建设成为布局合理、功能齐全、经济生态协同发展的生态科技新城，为高新区建设和发展指明方向、明晰路径。

目标既定，势在必行。步履铿锵，大步迈进。

当我们站在新的历史坐标上，认真审视黄石大冶湖国家级高新区，这块区域可谓占尽天时地利人和。这块金字招牌的含金量，成色十足。

数据是最好的证明：

三年来，园区经济总量保持 12% 以上的高位增长，财政收入保持 8% 以上的增效收益。

2017 年，黄石大冶湖高新区交出一份耀眼的成绩单：完成地区生产总产值 474.9 亿元，同比增长 9.3%。工业总产值 1082.4 亿元，同比增长 11.2%；规模以上工业总产值 1052.4 亿元，同比增长 11.8%；规模以上工业增加值 344.7 亿元，同比增长 11.4%。

截至 2017 年年底，黄石大冶湖高新区拥有高新技术企业 102 家，

迪峰集团全景

国家级研发机构 8 家，省级研发机构 64 家。累计申报专利 4651 件，其中发明专利申报 1767 件；累计授权专利 1889 件，其中发明专利授权 214 件。全年，该区完成高新技术产业产值 473.4 亿元，同比增长 11.6%。

产学研助推高新技术成果落地产业化。黄石大冶湖高新区与清华大学、华中科技大学等 70 多所高校建立合作，建有省级校企研发中心 5 家；浙江大学在高新区设立技术转移中心；汉龙汽车与武汉华夏理工学院合作共建汉龙汽车学院。

成绩来之不易！闪光数据的背后是黄石大冶湖高新区上下一心、卧薪尝胆、砥砺前行的真实写照。

立壮志，起宏图，黄石大冶湖高新区豪情万丈：

到 2020 年，力争实现园区总收入 2600 亿元。规模以上工业总产值1800亿元，规模以上工业增加值500亿元。其中，高新技术产业产值820亿元，高新技术产业增加值300亿元。规模以上工业企业达520家，高新技术企业达180家，上市及挂牌企业超过50家。

“站在新的历史起点上，黄石大冶湖国家级高新区坚持高质量、跑出加速度，坚定不移走创新引领发展道路，切实担起在县域发展中实现‘湖北领跑、中部率先、全国示范’的历史重任，挺起工业强市、赶超发展的坚实脊梁，在黄石建设全省重要区域性增长极中再立新功。”谈到未来，黄石市副市长、大冶市委书记李修武信心百倍。

创新发展，贯穿产业发展全过程

创新，是黄石大冶湖高新区的关键词。如何把机制创新、要素创新、服务创新贯穿在产业发展全过程，使之成为推动黄石、大冶高质量发展的重要引擎？黄石大冶湖高新区走出了一条符合自身特色的发展之路。

“企业跑路更少了，得的实惠更多了。”说到审批手续，位于黄石大冶湖国家级高新区的湖北华力科技公司副总经理陈国勤感慨不已，“报建及环评手续提交后，原来要等2个月才能拿到的施工通知单，现在只花了20天。”

2017年8月21日，大冶开出首张“先建后验”《工业项目建设施工通知单》，湖北华力科技公司是直接受益者。陈国勤称，不光报建及环评手续审批提速，政府还为征地中的26项中介服务付了费，仅此一笔华力就节约了1200万元。他表示，公司决定把这笔钱全部投入技术研发上，提升产品核心竞争力。

大冶市政务服务中心负责人介绍，大冶市对各审批环节流程再造，2017年出台《大冶市工业项目审批模式改革实施方案》，实施所有审批事项后置、先建后验服务模式。“中介超市”全程对接服务工业项目，26项中介服务费用由政府买单。目前，该市入园预审工业项目，从签订合同之日起，所有中介服务两个月内必须办结，项目审批时间平均缩短五分之三。

勇闯改革“深水区”，大冶市在承担实施项目“先建后验”行政审批制度改革过程中，建立完善容缺受理制度，推行“一网式”审批。为保证改革顺利实施，该区还推出“上门办、商量办、缺着办、联着办、省着办、带着办”的“六办”模式。

“从一片空地到开工建设，再到第一辆汽车下线，我们只用了15个月时间，而正常流程时间至少需要36个月。”湖北大冶汉龙汽车有限公司行政副总裁朱太平感慨，“政府的高效给力成就了让人惊叹的‘汉龙速度’”。

机制创新，不仅让企业得到了真正实惠，而且为当地招来了人才。

2018年4月底，中科院院士刘昌胜来了，获聘“大冶市战略发展顾问”；国家“千人计划”专家陈友斌、白杰、陈义红也来了，带来了4个创业团队、一支创业基金，在高新区共同打造“人工智能产业园”……

近年来，黄石大冶湖高新区积极搭建人才成长聚集平台，“人才洼地”效应逐步显现。据统计，该区省级以上科技创新平台54家，其中，国家级重点实验室1家、国家级企业技术中心4家、国家级博士后科研工作站3家。以高新区科技创业服务中心、铜都众创之城为核心载体，实施培育、辅导、服务一条龙的孵化加速模式，目前在孵企业400余家。

通过校企合作，孵化出澳达美智能装备、金欣环保科技等一批科技型企业，迪峰裂变孵化出斯瑞尔等一批特色换热器制造企业。其中，金欣环保科技与湖北大学合作研发新型环保贵金属选矿剂，广泛应用于金、银矿选矿试剂，产品被中国品牌认证委员会评为“中国绿色环保产品”，2015年获得国家知识产权局发明专利授权。“双创”成助推人才成长催化剂。该区整合孵化器和铜都·众创空间资源，完善工作机制，实现专业化运营管理；成功举办湖北“楚天众创行”——黄石·青桐汇创新创业活动，实现了科技项目与社会资本的有效对接。山力薄板、实美科技、东贝铸造申报省级企业技术中心通过初审。黄石大冶湖高新区获批省级园区循环化改造示范试点和第二批湖北省知识产权双创服务基地，正在打造国家知名品牌创建示范区、省级人才创新创业基地。

金融创新，为高新企业注入活力。湖北大冶湖高新技术产业投资有限公司经过资产重组成为园区发展高新企业重要的投融资平台，总资产由不足10亿元增至100多亿元，融资能力不断增强，市场化融资渠道越来越宽。“扶上马还要送一程。”管委会负责人王细军说，湖北大冶湖高新技术产业投资有限公司加快推进“一区多园”整合工作，初步完成还地桥、保安、陈贵、灵乡等乡镇资产注入工作；设立了4亿元项目建设基金和10亿元高新产业发展基金，为产业发展和科技创新提供金融支撑。

截至目前，高新区有创新型金融机构30家，全年融资总额300多亿元。本地龙头企业联合成立中小型银行，为区内中小企业拓宽了融资渠道。4家小额担保公司累计帮助中小创新型企业融资超过7.5亿元。此外，以劲牌投资为代表的股权投资公司累计为园区企业投资超过30亿元。

“现成厂房、言而有信的承诺、合理合法降低企业成本，我没想到的家乡都替我想到了。”对大冶的投资环境，位于大冶湖高新区的湖北博雅饰品有限公司董事长余志兴竖起大拇指。

2013年年底，投资1.2亿元的博雅饰品正式投产。正当余志兴准备大干一场时，却遭遇资金难题。为难之际，当地政府站了出来，拿出1000万元过桥资金，帮企业渡过难关。“关键时刻，政府雪中送炭，为企业发展保驾护航，打响了亲商、重商、爱商、护商的招商品牌。”每每提及此事，余志兴就格外激动。“亲”“清”的政商关系，让余志兴“安营扎寨”的决心愈发坚定，把90%以上的商品出口业务放在了大冶。

此类案例不胜枚举。让企业进得来、留得住、扎下根，有何秘诀？黄石大冶湖高新区的回答是“有事你说话”“有难我帮你”。

优化产业环境，黄石大冶湖高新区探索出一条新路子。建立“领导小组+指挥部+包保专班”工作模式的项目建设包保工作制度，即成立项目建设领导小组，指挥部包产业集群，包保专班包具体项目，制定入园项目办事清单，第一时间解决项目建设中的困难和问题，扫清影响项目推进的一切障碍，强力推进项目早落地、早开工、早投产。

“大冶对环保的重视程度是极高的，最打动我们的是政府招商言必行、行必果的诚信与执行力。”谈及项目落户黄石大冶湖国家高新区的初衷，博天环境科技（大冶）有限公司副总经理兰艺说，“用环境留人，用服务暖人，用真诚感人，让企业安心扎根、发展壮大”。大冶一诺千金，身体力行。

精心布局，打造特色产业集群

经济要发展，产业是基础。黄石大冶湖国家级高新区高擎装备制造、生命健康、节能环保、新材料四大产业集群龙头，建链补链，培育新兴产业；提档升级，夯实发展后劲，助推黄石、大冶城市转型，向着高质量发展。

产业兴来百业旺。楚天香妆芳香产业园项目、鑫诠光电、汉龙汽车座椅……就在黄石大冶湖国家级高新区挂牌的当天，总投资近 90 亿元的 13 个项目集中开工，吹响大冶迈向高质量发展的冲锋号。

战鼓隆隆催奋进，号角声声踏征程。

行走在黄石大冶湖国家级高新区，一座座现代化厂房拔地而起；车辆穿梭，机器轰鸣，工人忙碌，时时能触摸到经济快速发展的跃动脉搏，处处能感受到项目迅速推进的强劲浪潮。

“打造全国最大的锂电池正极材料生产基地是我们的目标，这一目标我们坚定不移，并且有信心很快实现。”站在成片的厂房前，湖北融通高科集团董事长何中林按捺不住内心的激动。

打造发展新引擎，激发经济新活力。黄石大冶湖国家级高新区以园区为平台，以项目为抓手，以招商引资为手段，主攻重点产业，围绕龙头产业、战略性新兴产业，坚持绿色招商，积极引进高端产业，加快产业转型升级步伐。

翻看黄石大冶湖国家级高新区的发展版图，四大新支柱产业加速崛起，高高擎起大冶高质量发展龙头：装备制造产业综合实力雄厚——以汉龙汽车为龙头，发动机、轮毂、模具等配套产业链已经形成，着力培育千亿元新能源汽车产业集群；生命健康产业发展态势强劲——以劲牌公司、瑞晟芳香为龙头，全力打造具有国际竞争力的生命健康产业示范基地；节能环保产业逐步发展壮大——以迪峰 LNG “气化长江”、博天环保项目为龙头，努力打造环保产业集群；新材料产业多元化布局加速——以湖北融通高科为龙头，推进新材料产业向中高端发展。

“四大特色产业集群犹如一列动车组，马力十足，动能无限，必将助推黄石大冶湖国家级高新区驰骋在高质量发展的快车道上，一往无前。”黄石市副市长、大冶市委书记李修武自信地说。

“劲酒虽好，可不要贪杯。”一句广告词，让劲牌家喻户晓、深入人心。

作为黄石大冶湖国家级高新区本土传统产业，劲牌公司科技研发一直在路上。20世纪80年代的浸泡技术、90年代的渗漉技术、今天的数字提取技术……30年来，劲牌不断刷新着保健酒技术创新纪录，推动中国保健酒品质良性发展。不仅如此，劲牌公司还在延伸产业链。劲牌公司规划1平方千米的劲牌健康白酒产业园已在园区开工建设，可年产毛铺系列健康白酒6万吨。总投资100亿元，税收达50亿元，相当于再造一个劲牌公司。

不只是劲牌。在黄石大冶湖国家级高新区，技术研发的因子深深融入企业血脉，成为推动产业转型升级的重要力量，为企业发展赢得广阔发展天地，更让一批细分行业隐形冠军如雨后春笋，茁壮成长。

湖北实美科技公司投资1.4亿元，启动二期工程项目建设，力推产品二次转型，汽车零配件、电力配套设施、高档工业装饰材料等产品，在残酷的市场竞争中赢得一席之地。

在湖北博雅饰品有限公司8000平方米生产车间，几乎看不到工人的身影。公司技术研发团队42人，以每天5款的速度推出新品，发卡样式多达2.5万种，产品卖到了意大利、捷克、法国、美国、巴西、俄罗斯等13个国家和地区，成为全球重量级发卡饰品供应商。

黄石艾博科技发展有限公司连续获得4项湖北省科技奖。2017年，该公司与华中科技大学合作研发的两个系列（超高效微型无刷直流变频压缩机电动机、超高效轻型商用压缩机电动机）14款超高效电动机产品通过中国轻工业联合组织的部级成果鉴定，达到“国际领先水平”。

冯家山硅纤公司与中国地质大学、中科院理化所深度合作，研制

劲牌公司生产场景

出国际一流的精深加工工艺和技术，产品附加值提升5倍以上，从一家提供硅灰石原材料的小企业成长为行业隐形冠军。

2016年，汉龙汽车产业园破土动工，项目占地1000亩，总投资100亿元。这是大冶建市以来投资额最大的招商引资项目。2017年7月1日，湖北汉龙汽车首辆“大冶造”新能源汽车正式下线。汉龙汽车整车产业涵盖轿车、SUV和纯电动、混合动力等产品系列。汉龙新能源汽车项目二期配套产业园项目正在进行紧张施工，总投资约80亿元的发动机、轮毂、模具、座椅、保险杠、天窗6个配套产业链项目相继开工。

短短一年多，黄石大冶湖国家级高新区新能源汽车从无到有，从有到全，形成一条全产业链。

作为汉龙新能源汽车的配套企业，湖北融通高科先进材料有限公司落户黄石大冶湖高新区。这个国内领先的锂电池基础材料创新企业，致力于研发、生产和销售各类先进锂电池用正、负极材料，下游产品广泛应用于新能源汽车、电力储能及通信备电等储能系统。公司首条规模化纳米级磷酸铁锂材料生产线已于近期投产。未来三年，一个占地 500 亩、具备 4 万吨产能的国家重点新能源材料基地将在这里崛起。

以汉龙汽车为龙头，黄石大冶湖国家级高新区规划了 4 平方千米配套产业城，目前已有 12 个新能源汽车产业项目落户，一个完整的新能源汽车研发、设计、零部件制造产业链初具雏形，一个千亿级的新能源汽车产业集群呼之欲出。

这不是孤例。在博天环境大冶环保产业园，以高端环保装备产业链为主导，围绕现有产业链条的缺失进行“补链”，围绕高端环保装备产业链进行“建链”，一个产业链长、附加值高、单位面积产值大、聚集效应强的华中高端环保产业园区初见雏形。

“通过不断延伸产业链，已基本形成一个千亿级产业集群、一个 500 亿级产业集群、两个 100 亿级产业集群的良好发展格局。”在大冶市市长王刚看来，这个目标并不遥远。

黄石大冶湖高新区的企业不仅不断延伸产业链，而且积极对接国家发展战略。总部位于黄石大冶湖国家级高新区的湖北瑞晟生物有限责任公司，发展香味中药、芳香疗法、康养结合等芳香产业，与国内知名日化品牌合作，打造国际芳香产品，并依托“一带一路”菲律宾总商会，出口国际市场。

2016 年，东贝集团等 25 家外贸企业，参加意大利米兰国际酒店用品展等 30 个国际知名展会；2017 年，东贝集团等 17 家外贸出口企业参加广交会，展示黄石大冶湖国家级高新区的企业风采。

位于高新区内的雨润商业体

黄石大冶湖国家级高新区鼓励劲牌公司、迪峰公司、山力公司等龙头企业牵头成立产业“走出去”战略联盟，集聚产业资源，打破区域壁垒，带动整合资源“抱团出海”，共同开拓海外市场。积极融入“一带一路”倡议，鼓励企业通过参股、并购、新建、工程承包等方式扩大对外投资，推动产品、技术、标准、服务等“一体化”走出去。

雄关漫道真如铁，而今迈步从头越。激情满怀的黄石大冶湖高新人正以勇往直前的热情和斗志，奔向未来。黄石大冶湖国家级高新区则犹如一艘扬帆远航的大船，正乘风破浪，驶向新的蓝海。

（文图由湖北日报编辑部提供）

追“高”逐“新”风帆劲

——孝感高新技术产业开发区30年建设发展回眸

为首艘国产航母建造提供船体分段运输支持，转运长征七号运载火箭发射所需的低温推进剂……万山特车生产的重型平板运输车屡屡助力打造国之重器；

世界首创220吨多轴重型电动轮矿用自卸车、全球最大363吨两轴重型电动轮矿用自卸车、全球首款防爆电动无轨胶轮材料运输车……航天重工程的“世界首创”“全球最大”“全球首款”书写着“中国智造”的荣光；

全球每10台空调中有7台传感器用的是“高理造”，国内每10台新能源汽车中有6台PTC加热器用的是“高理造”。全球最大的敏感功

孝感东城（毛峰　摄）

能陶瓷器件产业基地华工高理，打破了国际巨头在温度传感器领域的垄断。

在孝感高新技术产业开发区（简称孝感高新区），每天都在上演着创业创新的奇迹。

始建于1989年的孝感高新区，在孝感新产业开发开放试验区的基础上逐步发展壮大，不断实现跨越式发展。2017年，在全国147个国家高新区综合考评中排名第83位。

新时代、新征程、新作为。2018年8月，孝感市委、市政府出台《关于加快市直“三区”高质量发展的实施意见》，召开加快市直“三区”高质量发展动员会。

“市高新区要发挥国家级高新区的品牌优势，着力打造成高新产业的聚集区、军民融合的示范区、产城融合的引领区、改革开放的先行区。”孝感市委书记、市人大常委会主任潘启胜勉励高新区加快推进高质量发展，启动了高新区高质量发展的强大引擎，吹响了高新区扬帆再起航的征程号角。

三次蝶变崛起一座产业新城

1983年，原孝感地区孝感县撤县建市，工业基础非常薄弱。孝感的高新区梦，开始孕育萌芽。

1985年，国务院决定对三线企业调整搬迁，并实施“军转民”战略。

孝感抓住这一历史性机遇，确立了依靠改革开放引进联营振兴工业的战略决策，主攻三线调迁企业，大力引进“三资”企业。

孝感市以远见卓识和非凡气魄，制定了一系列甚至比沿海开放城市还大胆的优惠政策，用办“特区”的办法来办开发区。

1986—1988年，孝感市先后争取到机电部4404厂、兵器工业总公

槐荫公园已成为孝感当之无愧的城市名片

司 238 厂及航空航天部 066 基地的几个军工企业到孝感发展。

这几家企业来头不小，生产的轻型汽车、电子和光学产品，有的获部、省科技成果奖，有的填补了国内空白。这些拥有高新技术的企业搬迁到哪里，就会给哪里带来机遇。孝感高新区由此逐步奠定了汽车、电子、光学等新型产业基础。

1989 年 12 月，湖北省政府正式批准孝感市建立新产业开发开放试验区，孝感高新区成为湖北省最早设立的省级开发区之一。

从诞生的那一天开始，孝感高新区就怀揣着进入“国家队”的梦想。

开发区建立之初，土地面积不足 8 平方千米。此后，孝感经济开发区历经三次蝶变，不断发展壮大。

1993 年，孝感撤地建市。孝感市新产业开发开放试验区划归地级孝感市直管。此后，除三线调迁企业整体搬迁外，还引进了一批国际知名企业，法国雷诺、白俄罗斯明斯克轮式车辆厂、三江瓦力特公司、德国西门子、日本松下等跨国集团纷纷在开发区投资兴办项目。

2007年8月，孝南区新铺镇、三汊镇、毛陈镇的20个村，成建制划归开发区托管，面积37.6平方千米，成为高新区历史上最大规模的一次扩容。同年，孝感市开发区下设丹阳、槐荫、孝天三个办事处，并成立一级独立财政。

2012年8月19日，孝感高新区成为继武汉、宜昌、襄阳之后，全省第四个国家高新区，开启了孝感高新区跨越式发展的新征程，实行“一区四园”建设发展模式。

三次蝶变，市高新区发展空间不断拓展、体量不断增大、质量不断提升。辖区面积由不足8平方千米扩大到90余平方千米，常住人口由3.94万人增加到13.5万人，各类注册企业由23家发展到3681家，营业总收入由7.5亿元增长到1119亿元，地区生产总值由5.7亿元增长到341亿元。

数字见证奇迹，拼搏成就梦想。2011年以来，孝感高新区相继获得“国家级高新区”“国家循环化改造示范试点园区”“国家特种汽车高新技术产业化基地”“国家工业化军民结合示范基地”“国家低碳工业试点园区”“国家级科技企业孵化器”“国家中小企业公共服务示范平台”7块国家级“金字招牌”。

一座现代化的产业新城、城市新区，正在荆楚大地上迅速崛起。

三大支柱产业夯实“发展底盘”

每天，这里有200万支温度传感器下线，它们将被装配到美的、格力、海尔等品牌的空调、冰箱上。全球每10台空调中，就有7台湿度传感器用的是“高理造”。国内每10台新能源汽车中有6台PTC加热器用的是“高理造”。

在孝感高新区，“藏”着一家“传感大王”——华工高理，是全球最大的敏感功能陶瓷器件产业基地，主要产品有NTC系列热敏电阻、PTC系列热敏电阻和汽车电子。其空调温度传感器，占据全球70%以上市场份额。

2001年以前，国内空调、冰箱所用的温度传感器市场和技术都是由几家日本公司控制。2001年，华工高理进入这个市场后，凭借持续的技术研发，逐渐成为国内温度传感器行业的主导企业，产品还出口到国外，平均每个传感器的价格也由10元降低到2元左右。

该公司现在拓展物联网新型传感器产业，开发3C产品及可穿戴设备的薄膜型NTC温度传感器、汽车智能控制的PWM控制系统以及高端空气净化领域的$PM_{2.5}$传感器，以寻求新的增长点。

这个全世界“块头”最大的温度传感器生产企业，打破埃贝赫、伟巴斯特、佑理等国际巨头在汽车加热领域的垄断，在国内首创新能源汽车PTC加热器。这种PTC加热器能保证智能汽车在运行全程中稳定供暖，还能实现自动空调精确控温、节能，斩获新能源巨头特斯拉的订单。

这是目前最先进的加热技术，全球也仅有一两家巨头掌握该项技术，为避开国外的专利保护，真正开发拥有自主知识产权的国产PTC加热器，产品从材料到结构再到加工方式都有全新突破。

同属华工科技的正源光子，孝感工厂于2016年4月投产，成为孝感电子信息产业又一生力军。

目前，高新区已建立20个院士工作站、4家博士后工作站。此外，还建有5个重点实验室，19个企业技术中心，28家省级以上工程技术研究中心，23家校企共建研究中心。

高新区，“高”在高科技，“新”在新产业。孝感高新区追“高”逐“新”，实现转型升级、跨越式发展。数据显示，近5年来，孝感高

世界最大车灯生产企业——小糸车灯湖北基地现代化生产车间

新区高新技术企业以每年 20% 以上速度增长，一批像华工正源这样的“科技小巨人”渐渐崛起，成为孝感高新区高质量发展的驱动力。

以武汉·中国光谷孝感产业园为平台，以华工科技、华工正源为龙头，华中光电、汉光科技、险峰微波等为骨干，宏盛昌、飞特电气、一通电子等为主体的光电子信息产业集群，被列为全省 52 家重点成长型产业集群，这也是孝感市光电子信息、先进设备制造、特种汽车及零部件等 3 大优势产业之一。

以国家军民结合产业化示范基地为平台，汇聚了三江重工、江北机械、红林探控等大型企业及九洲数控、松林国际、伟翔数控等 40 多家企业，先进装备制造业集群稳步发展。

以武汉经济开发区孝感汽车零部件产业园为平台，以万山商用车、三江瓦力特等整车生产企业为龙头，以日本矢崎、意大利马瑞利、日本小糸等一级零部件供应商为骨干，以日本南部内饰件、日本中央发条、法国喷达、中国台湾新丽、瑞莱特照明等企业为主体的汽车及零部件产业集群加速聚集，产业链条不断延伸完善：投资20亿元的马瑞利汽车智能灯项目、投资2.4亿美元建设的日本小糸车灯生产基地、投资15亿元的日本矢崎汽车电子线束生产基地、实现商用车小批量生产销售的万山商用车项目、总投资50亿元的三江重工装备产业园……

孝感高新区按照市委、市政府提出的“十抓十促”发展路径，“抓招商引资，促重大项目提速”，依托主导产业，全区产业项目已形成“建成一批、在建一批、筹建一批、签约一批”的良性循环格局。2011年以来，累计建成产业项目103个，总投资308亿元；在建项目40个，总投资122亿元；签约准备动工项目39个，总投资66.74亿元。

“孝感智造”从这里出发，走向五洲四海与世界联通。一个个高科技、高成长、高效益的产业集群在这里生根发芽、悄然崛起。

三驾马车领跑成就“军工大市”

神舟飞船上天、首艘国产航母建造、长征七号运载火箭发射……这些象征“中国力量”的科技就有孝感高新区企业参与的身影。

航天重工，依托自主研发，打破国外垄断；江北公司，开展校企合作，抢占高端LNG装备市场；万山特车，为市场而转，专注特种汽车明星产品……这些高新区企业，在市场大潮中激浪飞舟竞上游。

军民融合既是强军之策，又是兴国之举。在4404厂、238厂及航空航天部066基地等三线调迁企业基础上发展起来的孝感高新区，与生俱来就有着强大的“军工”基因。孝感市一直把“军民融合”作为战略部署，一届接一届强力推进。

2018年4月4日，孝感市委六届六次全会提出“十抓十促”，把“抓基地建设，促军民深度融合”作为重要内容之一，把军民融合发展作为孝感市尤其是高新区的战略发展路径，让“军民融合”发展再次站在了“风口”。

2018年年初，孝感出台“军民融合发展三年行动方案”，锁定目标：建设三江产业园、航天重工装备产业园、华中光电产业园、汉光科技光电产业园等五大军民融合产业园，打造千亿级特色产业。

目前，该市现有军工单位37家，其中规模以上军工企业17家；拥有国家级科技企业孵化器1家、科研院所33个、国防重点实验室13个。

孝感军民融合产业基地规划面积52.68平方千米，2010年，基地获批“国家军民结合产业示范基地”，目前基地基础设施投入已超百亿元。

在航天重工组装车间，地上摆放着巨型轮胎，工人正紧张焊接车身，组装363吨矿用车。这个“巨无霸”，是全球最大吨位的两轴重型矿用自卸车。

航天重工成立于2012年，是中国航天三江集团控股子公司。目前，航天重工已研发世界首辆220吨多轴重型电动矿用自卸车、全球首款新能源防爆电动无轨胶轮物料运输车、全球最大100吨液压防爆支架搬运车和100吨蓄电池防爆铲板搬运车。

在万山特种车辆有限公司，万山自主研发的自行式液压模块运输车，可运输5200吨位的海监船。它研发成功后，德国同类型设备销售价格下降了50%。“我们研制生产的重型平板运输车有五大系列40多个品种，载重吨位涵盖35吨至1000吨级，已成为国内平板车行业领导者。”万山总经理郑家龙说。

目前，由三江集团领军，汇聚了三江重工等10多家大型企业，裂变出松林国际等40多家中小企业，红阳、万峰、红林等军企与民企结成机器人产业联盟。原4404厂通过与外企、民企嫁接，孵化出爱普科斯、捷能光源、大禹电气、汉达电子、瑞莱特汽车照明等5家规模以上企

国家军民结合产业化示范区——三江产业园

业和 8 家小微企业。一支涌流着军工血液的先进装备制造业军团生机勃发。

“军转民”风生水起，“民参军”有声有色。

孝感高新区六合工业园武汉纵能机械制造公司车间里，工人正操作数控机床对金属部件进行铣削加工。“5 年时间，我们企业规模扩大近 10 倍。”董事长沈国雄说。

纵能机械落户孝感之初，只是一家孵化企业。2013 年，纵能机械与航天三江集团开始在军品精密仪器加工方面合作。通过“参军”，纵能机械提升科技水平和管理水平，目前产品涵盖光电子元器件、航天航空高端精密件、激光器件等领域，可年产各种成套设备 300 台套、高端精密零部件 20 万件。

同在六合工业园，湖北德美电控技术有限公司凭借成熟的电力智能设备研发技术，成为华中光电固定配套商。

安心智能生产的智能交互显控系统广泛服务于航天科工、航天科技、中船重工等军工企业；骏腾发等民企与红阳、万峰、红林等军工企业共同组建机器人产业联盟……

孝感市建立军地互动交流机制和军地资源共享机制，建设军民融合企业数据库、技术数据库、产品数据库，组织产品对接会、搭建“孝感航天云网”项目平台，为民营企业提供“参军”通道。

互通互融，军民兼顾；融则两利，合则共赢。数据显示，孝感高新区内的42家军民融合企业，年创产值超百亿元。

孝感市副市长、市高新区工委书记王世荣对“军民融合”发展态度坚决：最大限度地激活军企民品产能，最大限度地释放军企民品市场潜力，最大限度地实现军民两个资源共享，最大限度地调动民参军的热情。

2018年8月17日，孝感与航天三江集团和厦门金龙旅行车有限公司签订合作协议，建设年产3000辆新能源大中型客车生产基地。

此前，该市与青岛澳柯玛、航天三江签订了新能源物流车合作框架协议，3年内新能源物流车年产量达到3万辆；与中信戴卡达成协议，共建中信戴卡大悟产业园。

伴随三大汽车零部件项目相继启动，孝感全力打造新能源汽车生产基地，力争用3年时间，形成年产10万辆新能源汽车生产能力，汽车整车及配套产业产值规模达到200亿元。

一曲曲“军转民”“民参军”的“交响乐”，奏出这座军工大市转型升级、高质量发展的新乐章。

三个故事唱响孝感“营商品牌”

2017年1月25日，省商务厅批准设立了省内首个日商产业园——“湖北（孝感）日商产业园”。

目前，日商产业园内已聚集了世界500强企业矢崎汽车电子线束、全球车灯行业排名第一的小糸车灯、全球电子服务业排名第14位的日本希革斯，以及中央发条、友成模具、提爱思、铃与国际、南部化成、东洋佳嘉等23家日资企业，占高新区外资企业总数的60%以上。

缘何日企对孝感高新区青睐有加，三个故事是最好的注脚。

故事一：

2011年，日本矢崎总业株式会社在孝感投资建设矢崎汽车部件项目，计划2012年5月投产，须于2月中旬前完成省市各项注册登记手续，孝感高新区招商局专班全程代办。

2011年年底，孝感市在代办矢崎公司落户手续时，有一份文件需要公司3名董事共同签名，但当时他们均在国外。经省商务厅批准，特事特办，通过传真签名，仅仅2天时间，高新区就办完外资批文、工商注册、税务登记等一系列手续。

“这个速度是世界最快的！”事后，矢崎中国区总裁小昭清利先生致电孝感市领导表达谢意。

故事二：

2014年10月，日本小糸制作所准备在高新区投资建设车灯项目。签约前，小糸要求一个月内拿到土地批文，而此时国土资源部耕地占补平衡系统已关闭，等系统开放已来不及。

高新区在省市国土部门支持下，集中30多个土地整理批复指标项目中占补平衡剩余指标打包申报，在限定时间内拿到了批文。

签约后，项目推进时限由“天”缩短为“时”：3小时办完外资设立审批，5小时完成工商注册，4个月内拆迁完成。

小糸还提出要求，一个月内完成场平，且具体要求达20多项，其中一条是“压实度”必须达85%以上。

“场平专班”日夜施工，仅用20多天就完成场平。小糸制作所中国部主管安倍启辅现场一看，连声称赞：“孝感是我见过的最讲诚信、速度最快的地方。”

故事三：

2018年1月，日本三光合成株式会社投资建设的三桦汽车塑胶部品生产项目，在混凝土浇灌的关键环节，遇上了一件涉及多方利益的

湖北首家日商产业园如火如荼的建设现场

棘手问题。

“下午 5：00 拨通项目包保人电话，半小时后，国土、规划、行审等部门负责人就一起来到了现场，不到 6: 00，问题便得到了圆满解决。”项目基建负责人邓盛钦连称，“效率高！”

48 小时办结外资企业落户的“矢崎效率”，3 小时办完外资设立审批、5 小时完成工商注册的“小糸速度”，1 小时解决问题的“三桦速度”，共同铸就了孝感高新区的“营商品牌”，使孝感市在日资企业中树立了良好口碑，成为对日招商的名片。

梧桐成林凤来栖，金凤筑巢百鸟鸣。

高新区的高效率，也倒逼企业早开工、早建设、早投产。4 个月从项目开工到竣工的“三桦速度”，5 个月建成全市最大单体厂房的“希革斯速度”，7 个子项目同时开工的“协丰规模”……

据孝感矢崎汽车部件有限公司厂长八卷克也介绍，作为首家落户孝感的日资企业，投产至今，公司累计销售额已达 10.4 亿元。

为更好地服务客商，孝感市还规划建设日商服务区，引进 2 家日本料理店、茶道馆，专门为日资企业开通日文频道电视，在日商生活小区设立日元兑换网点，让在孝感工作的日商生活得舒适方便。

2018年，日商产业园又引进西川密封件、弗雷克斯等项目7个，总投资21亿元；重点跟踪日本住友等项目10个，总投资60亿元。

预计2019年首期占地1000亩的日商产业园将全部建成，可实现产值50亿元；到2020年产值将突破100亿元。3年时间，计划将日商产业园的规模拓展到3000亩。

重商、亲商、安商、富商的营商环境，从无到有造就一个日商产业园，也让法国喷达、意大利马瑞利、玖玖爱食品等更多国内外知名企业落户、深耕高新区。

服务无止境，创优无穷期。

5年来，高新区投资19亿元，建设园区道路27条、91千米，东区"五横九纵"、西区"三纵九横"路网格局初步形成，园区基础配套设施不断完善。产城景统筹，加快污水处理厂、金属表面处理产业园建设，打造绿色之城、宜居宜业之城，生态环境逐步改善。

孝感高新区积极推进"互联网＋政务服务"，大力推进一网、一门、一次改革工作，组建了行政审批局和综合执法局，围绕高新区产业、企业和项目等"主业"，实行全程代办、并联审批、容缺审批、先建后验，提供全过程、全天候、全方位服务。

推进生产性服务业聚集区、检验检测平台、"双创街区"等建设，完善公共技术平台和创新服务平台。每年拿出2000万元，设立孝感高新区科技创新发展基金，凡孵化有功、认定为高新企业、成功授权专利、引进高层次人才等，均予以重奖。2017年，137家企业获得集中奖励，奖金高达787万元。

在高新区投资的企业感觉每天都有新变化：准入门槛更低了，审批时限更短了，服务效率更高了，营商环境更优了。孝感高新区人正

光电子研发中心

用自己的“辛苦指数”换来客商的“幸福指数”、企业的“发展指数”。

三个百亿产业续写“光荣梦想”

扬帆正当时，砥砺再奋进。

站在新的历史起点上，孝感高新区人有着清醒的认识：高新区前有标兵、后有追兵，而且标兵越走越远、追兵越来越近。

市长吴海涛对高新区充满期待：“高新区要总结经验，发挥优势，整合资源，做优平台，聚焦主业，优化服务，提振精神，用跨越发展的实效高昂市区龙头，打造孝感发展的重要增长极。”

百舸争流，奋楫者先。孝感高新区人充满“等不起”的紧迫感、“慢不得”的危机感、“坐不住”的责任感，在新一轮的发展中开局即冲刺，起步即快跑。

2018 年以来，孝感高新区签约引进项目 25 个，总投资 198.08 亿元。围绕战略性新兴产业招商，成功引进总投资 20 亿元的青岛澳柯玛新能源物流车项目；依托万山整车生产线，厦门金旅大中型新能源客车项目取得实质性进展，8.5 米、10.05 米两款整车有望年底前在孝感下线。

围绕强链补链招商，依托汽车及零部件、高端装备制造、光电子信息三大主导产业垂直整合链条，引进配套项目25个，总投资95.5亿元。投资1亿美元的台湾勤美项目正式签约后，吸引金莹、天阳、日信3个上下游项目紧随签约，10余家关联企业相继来孝感实地考察，意向投资20亿元。

以实干赢未来，以担当谋发展。

强力攻坚“三个百亿级”。聚焦主导产业，狠抓重大项目，确保每年签约亿元以上项目不少于50个、引资不少于400亿元，3年累计引资不少于1000亿元，将汽车及零部件、高端装备制造、光电子信息壮大成为百亿产业集群。

强力打造“三大聚集区”。着力将崇德路两侧开辟成为以新能源汽车为引领的战略性新兴产业聚集区，将协丰产业园打造成以希革斯电子、三菱汽车空调为代表的日商投资项目集聚区，将华中光电产业园建设成为以车用装备为特色的军民结合产业聚集区。

强力培育“三支主体群”。加快实施“骨干企业强优”“高新企业倍增”“中小企业成长”三大计划，力争三年内产值过10亿元重点企业达到10家以上、高新技术企业达到140家以上、规模以上企业达到150家以上，形成强劲的后发优势。

风华正茂的孝感高新区，正激情满怀走进新时代，昂首阔步踏上新征程，凭借“速度和激情”，续写“光荣与梦想”，努力打造全市新兴产业的聚集区、创新驱动的策源地、改革开放的排头兵、经济发展的方向标，为孝感建设全省区域性增长极贡献“高新”力量。

（文 / 宁波　李琦　图 / 除署名外，由孝感高新区提供）

绿色崛起排头兵

——咸宁高新区创建国家级高新区纪实

咸宁高新区组建于2006年7月，2017年2月被国务院正式批复晋级为国家级高新区。2017年6月16日，科技部正式对咸宁高新区授牌，由咸宁高新技术产业园区更名为咸宁高新技术开发区，晋级为国家级高新技术开发区。

高新区总体规划面积369平方千米，已完成开发面积近50平方千米，建设投入近100亿元。核心区签约落户项目近300个，其中投资亿元以上项目80余个，建成投产项目180余个。

咸宁高新区鸟瞰

在咸宁市委、市政府的高度重视下，咸宁高新区正昂首阔步走在“创新驱动、绿色崛起”的康庄大道上。

转型升级：高起点谋发展

申报创建国家级高新区，可谓形势所迫，历史必然。

高新区负责人坦言，咸宁高新区创建国家级高新区，是经济新常态下全面落实创新驱动发展战略、加快转型升级的迫切需求。

近年来，各地普遍感受到强烈的经济下行压力。但是，业内人士发现：国家级高新区，尤其是国家级高新区内的高新技术企业，其经济指标却出现较高的增长。高新区的自主创新、内生增长的发展模式，为转方式、调结构提供强大的科技引擎，得到一致认可。

在全国区域发展格局中部板块引人瞩目的背景下，咸宁高新区创建国家级高新区，既符合国家战略的发展要求和导向，更是加快咸宁经济社会发展的迫切要求。

近年来，在科技部和湖北省政府、科技厅的大力支持下，咸宁市委、市政府下定决心，要将咸宁高新区打造成为“创新驱动先行区、鄂南强市增长极、绿色崛起排头兵”，坚持创新驱动、绿色崛起，举全市之力创建国家级高新区。

“有国家级高新区这块牌子，咸宁高新区才能有更高的起点，才有更厚实的基础。”升级“国家队”，成为高新区人牢牢紧盯的目标。

破茧成蝶：真抓实干起变化

创建国家级高新区，是一次化茧成蝶的蜕变，是一次鱼跃龙门的挑战。

要从众多申报的省级高新区中脱颖而出，创建难度之大，可以想见。

咸宁国家级高新区授牌现场

高新区要面对的，还有严谨的评估。其评价体系包括自主创新能力、高新技术产业聚集、土地合理集约利用、综合配套功能等五大指标体系、四五十个小项。

坚持规划引领，强化项目建设，是咸宁高新区领回“金字招牌”的关键。

咸宁市成立了由市长任组长，科技、发改、国土等部门和咸宁高新区共同组成的创建工作领导小组，对创建工作进行统一领导、统一协调、统一管理，并组建了创建工作班子。

为推动高新技术产业集聚发展，将4个县市区开发区纳入咸宁高新区统筹管理，形成了以咸宁高新区为核心，咸安园、赤壁园、嘉鱼园、通城园4个园区为托管区的“一区四园”空间格局。按照“规划统一、服务同质、产业差异化”原则，各园区分工协作和联动发展，为咸宁高新区做大、做强、做优奠定了坚实基础。

咸宁高新区园区景色

咸宁高新区联合武汉光谷创新研究院、中工武大设计研究有限公司、咸宁市城市规划设计院等规划编制单位，完成了高新区高新产业发展规划、“十三五”发展规划及横沟桥镇国土空间综合利用“多规合一”规划的编制工作，并通过3个规划的无缝对接，确保一张蓝图绘到底。

手握蓝图，向着国家级高新区的目标，高新区人开始和时间赛跑。

准备繁杂的申报材料、进行科技资源的整合包装引进、集中精力进行区域规划、产业规划和土地集约利用评价，对于创建专班成员来说，从2016年申报以来，不分昼夜加班加点是常态，跑北京、跑武汉是常事。

如雨后春笋般蓬勃发展的高新技术项目，成为咸宁高新区创建国家级高新区的底牌。

立邦涂料、南玻光电玻璃、奥瑞金制罐、三环方向机、北辰汽车转向器、中电华基电缆等20余个投资亿元以上项目，抢工期、抢进度，相继建成投产。

其中，投资5亿元的南玻光电玻璃是国内首个导光板光电玻璃项目，是玻璃行业中“皇冠上的明珠”。投资10亿元的立邦涂料采用世界最先进的生产工艺，建设全球标杆式工厂。投资18亿元的奥瑞金两片罐项目已建成亚洲一流的制罐生产线。

高新区初步形成互联网电子信息、先进装备制造、新能源新材料、生命健康、军民融合产业、绿色食品饮料等高新技术产业共同发展的态势。2016年，咸宁高新区完成高新技术产业总产值320亿元。

以创建为契机，高新区加快推进园区基础设施建设，已形成了完善的路网布局，设有独立的供水系统，电力供应充足，污水处理设施完善，花园似的园区环境令咸宁人倍感骄傲。

提质增效：工业爆发大能量

近年来，咸宁高新区高昂龙头，全力打造创新驱动先行区、鄂南

北辰汽车转向系统有限公司生产线

经济强市增长极、绿色崛起排头兵，主要经济指标保持超过20%的增长速度，增速居湖北省前列。

2017年，高新区“一区四园”GDP总量达500余亿元，同比增长19%；工业增加值达350亿元，同比增长11.1%；税收达56亿元，同比增长40%；高新技术产业增加值达130亿元，同比增长50.1%；高新技术产业增加值占园区工业增加值比重37.1%。

能取得这样的成绩，离不开一批科技含量高、资源消耗低、环境污染少的工业项目。

这是2018年7月在咸宁高新区内的湖北智莱科技有限公司见到的一幕——参观者围着一款智能寄存柜看个不停：不需要纸质条码、不需要短信，人站在寄存柜前，面对摄像头，扫描几秒钟，货柜门自动打开。工作人员介绍，这是最新研制的人脸识别智能寄存柜，很快就能在国内外大型超市“上岗”。

在该公司车间内，一排排刷着“Amazon”（亚马逊）标识的橙色智能快递柜正在最后组装。该公司总经理王顺介绍，智莱科技是一家主要生产智能快递柜、自动寄存柜的国家高新技术企业。公司产品供应给丰巢、沃尔玛、华润等诸多快递服务企业和大型超市，也是亚马逊全球唯一智能柜供应商，产品大量出口欧美。“智能柜的核心在控制系统，目前公司已拥有50多件软件著作权，另拥有各类专利约50项。通过持续创新，公司已成为国内领先的智能柜生产企业。”

王顺说，目前公司订单充足，正在进行二期扩建，预计2018年将生产各类智能柜4万套以上，比上年翻一番。

在湖北奥瑞金包装有限公司车间内，经常可以见到一条条生产线忙碌地将铝板切割、压制成型，源源不断地吐出铝罐。作为全国最大的金属包装企业，奥瑞金将核心制造基地布局在咸宁。在当地已有一家工厂基础上，奥瑞金于2016年又斥巨资建起一座全自动饮料铝罐新工厂。

国内铝罐大多是易拉罐，奥瑞金研发出替代进口的螺旋盖铝罐，重量仅23克，比易拉罐轻了近一半。这一主攻高档饮料市场的创新产品，最终选址在咸宁。2017年，湖北奥瑞金年产饮料铝罐超10亿个，至二期建成后，年产量将达20亿个，冲刺我国最大饮料铝罐生产基地。

近年，像奥瑞金这样，一批影响行业格局的重大项目相继前来，并从2017年起陆续投产、扩产，助推咸宁高新区不断攀高。

除了工业总产值、固定资产投资等加速跑，地方财力也在快速增长。这些重要指标的高速增长，一方面是前期项目落地投产的效果，另一方面是投资软环境优化的显现。

金士达医疗公司为扩大市场份额急需建设二期项目。高新区项目落地专班获悉其已拍到土地，在其申办规划用地手续时，同步发放建筑施工许可证，企业前期办证时间缩短了半个多月以上。

台资企业泓硕电子科技公司主要生产汽车喇叭及车载音响等产品。咸宁对其进行产业资金扶持，助其扩产，并积极协调解决企业困难。该公司已将深圳工厂的内销产能全部转至咸宁。

探索实践：大胆尝试闯未来

晋升为国家级高新区，不仅为咸宁的经济发展带来了更多的红利，也带来了更多的机遇。

“拿到国家级高新区这个金字招牌，势必能接纳更多的顶级企业。”高新区科经局局长朱明凤认为，国家级高新区有利于提升区域的品牌优势、促进招商引资工作，聚集吸纳高端人才、先进技术等创新要素。

进入“国家队”，意味着可以获得国家或省市的相关政策倾斜，甚

金士达医疗公司员工调试进口设备

至享有国家有关政策先行先试的权利。

晋升国家级高新区，得到的还有国家在税收优惠方面的特殊政策，以支持高新技术产业发展。

国家级高新区，有着一套完善的技术指标和考核体系，从招商、经济、产业、规划等方面进行细化，以此为标杆，咸宁高新区今后的发展步伐将更加理性、更加稳健。

如今的高新区，已形成生命健康产业园、军民融合产业园、高新技术综合产业园、先进制造产业园、中国光谷咸宁产业园五大专业园区，致力于打造食品饮料、生物医药、电子信息、新能源新材料、先进装备制造五大百亿特色产业集群。在未来的发展道路上，高新区将发挥特色产业集群优势，大胆尝试，勇于探索。咸宁高新区的明天会更好！

（文图由咸宁高新区提供）

高奏变革交响曲

——荆州开发区发展掠影

2018年4月9日，一份文件从商务部传至荆州经济技术开发区（以下简称荆州开发区），这是2017年全国219家国家级开发区“大考”成绩单：荆州开发区位列第55位。2016年，荆州开发区排名第126位，仅仅一年的时间就上升了71位。

荆州开发区地处荆州城区东部，辖区面积318.5平方千米，人口近30万人，是全市工业经济与招商引资的主平台、主战场。1992年5月，荆州经济技术开发区挂牌成立。2011年6月，荆州开发区晋升为国家级经济技术开发区。经过26年建设发展，荆州开发区已成为开放之区、活力之区、希望之区，拥有多张靓丽名片：国家级经济技术开发区、国家承接产业转移示范区、长江经济带国家级转型升级示范开发区、国家级科技企业孵化器。

随着国家产业结构调整和长江经济带、长江中游城市群、洞庭湖生态经济圈等重大区域发展战略叠加实施，荆州开发区政策红利机遇空前，正向着创新驱动高质量发展的道路前进。

转型升级：蓄积发展新动能

荆州开发区在成立之后的一段时间，曾经历过“阵痛”。那个时候，开发区区域产业布局统筹不合理、产业结构不优、承载平台基础设施不完善、资源环境的承载力已近极限。变革，已经迫在眉睫。

荆州开发区人知道，新的历史时期，不仅要破解当下难题，更要着眼长远，推动经济向高质量转型。

2016年，荆州开发区在荆州市委、市政府的战略决策下，开始酝酿实施“一区多园”战略，推进产业优化升级。他们编制“一区多园”产业规划，做好顶层设计；推行产业链精准招商，壮大产业集群，推动产业结构优化；鼓励企业技改扩能，加快转型升级；实施创新驱动，激发市场主体活力，让经济增长从“数量型”走向“质量型”。

鸟瞰荆州开发区

肩负荆州工业经济火车头、转型升级示范区的时代使命，荆州开发区人以前所未有的勇气和决心，开启了一场经济发展方式向更高形态升级的结构变化之旅。

几年间，开发区园区布局日益科学，产业发展逐渐升级，市场活力蓬勃激发。荆州开发区奏响了新旧动能转换的“交响曲”。

从 2015 年 6 月至 2018 年 6 月，荆州开发区规模以上工业增加值从 33.68 亿元上升到 47.62 亿元，年平均增长 12.24%；2018 年 1 月至 6 月，开发区完成工业总产值 192.71 亿元，同比增长 18.43%，工业增加值增速 13.8%，实现了从量变到质变的成长跃升。

种好梧桐树，引得凤凰来。只有打造优良的产业平台、提供优质的商业服务，才能吸引优秀的企业进驻，从而助推产业高质量发展。

在招商引资方面，围绕主导产业，开发区开展产业链精准招商，

荆州开发区一景

从“招商引资”到“招商选资”，一批世界知名“隐形冠军”项目落户，一批平台项目落户，一批融资或技改项目“开枝散叶”，传统产业“老树发新芽”，在丰沃土壤里孕育出产业新果实，产业集聚效应明显增强，引资规模和项目品质稳步提升。

2016年，新加坡雷迪森、中国台湾荣成包装落户；2017年，美国安波福一期、中国香港思创进驻；2018年，土耳其施坦达、日本凯迩必等陆续签约落户。其中，日本凯迩必，世界500强企业、全球汽车减震专家携手恒隆，打造湖北恒隆凯迩必汽车电动转向系统项目；法雷奥，世界500强企业，深耕汽车空调领域领先全球。继一期、二期建成企业在亚洲的热系统交换中心后，2018年再投资新能源汽车配件三期项目，投产后可新增产值16亿元。

2018年7月2日，伟速达（中国）汽车安全系统有限公司与荆州开发区签约，共同打造伟速达产业园。项目建成投产后，将年产1800万台套汽车安全和进入控制系统产品。

伟速达（中国）公司董事长菲利普·德奎克说，公司对于在荆州的发展充满信心，将把荆州工厂建成中西部生产基地，这是公司在中国的重要布局。

一批世界500强企业纷纷落户之际，一批平台项目也在延展产业链条：

凯乐科技信息安全通信产品总部基地落户，集17大类高端通信设备产品生产于一体，打造大通信产业闭环；投资22亿元的华中表面处理循环经济产业园落户，可容纳汽车、航空航天、电子、五金等百余家企业入驻，并辐射、服务华中地区；中国航天科工集团、航天南湖电子携手，在荆州开发区共建军民融合雷达产业园；湖北恒隆再投资，建设恒隆集团（荆州）汽车零部件产业园，助力荆州实现“汽车梦”……

法雷奥热系统公司荆州三期项目签约现场

一批融资或技改项目“开枝散叶”，传统产业“老树发新芽”：

荆州亿钧玻璃启动上市申报程序；五方光电上市申请正在审核；湖北恒隆提升出口项目产能，研发改造牧马人乘用车转向器项目，深入全球乘用车市场；均胜汽车荆州公司，拓展智能驾驶、安全驾驶生产领域，打造企业在中国的最大生产制造基地；能特科技新上能泰苯酐项目，开发世界一流的维生素 B3、维生素 K3 和改性塑料生产线；沙隆达由做大、做强向做精、做优升级，企业竞争力、产业链集聚力大幅提升……

先期落户企业、本土成长企业、骨干龙头企业，发展意愿提升。截至目前，全区已有上市公司 17 家，挂牌企业 111 家，荆州开发区的丰沃土壤里孕育出产业新果实。

对于荆州开发区而言，招商引资是“一号工程”。招商的成败，决定产业发展质量的高低。

荆州开发区立足主导产业，延伸产业链条，壮大产业集群，引导主导产业向中高端迈进，在加强国际经济合作中，培育产业竞争新优势。

围绕产业图谱，紧跟优质项目。荆州开发区实施产业链精准招商，优化“一个产业类别、一套政策支持、一名领导挂帅、一名技术顾问、一个部门牵头、一批驻点单位协同”的“六个一”精准招商模式，瞄准战略性新兴产业，紧盯世界500强企业。

2015年至今，荆州开发区签约亿元以上项目197个，当年开工率连续3年超过50%。2018年1月至6月，全区新引进亿元以上项目49个，其中，10亿元以上项目3个，协议引资额132.3亿元；完成工业总产值192.71亿元，同比增长18.43%，工业增加值增速13.8%；完成固定资产投资127.07亿元，同比增长15.5%。

环境保障：支撑产业大格局

质量决定发展效益和价值。项目质量，决定产业核心竞争力和永续发展的动力。荆州开发区将改善产业发展环境、引导企业技术创新，作为提升质量和效益的强力保障，构建产业发展的“大质量”格局。

改善发展软环境，助推新项目快速“生长”。2018年5月16日上午，建成投产不到一年的安波福荆州分公司，举行二期项目签约仪式。

安波福荆州分公司于2017年2月正式签约、4月厂房开建、10月建成投产，安波福荆州分公司实现当年签约、当年建成、当年投产，创造了荆州招商引资、项目落地投产的新纪录。

安波福电气分配系统全球副总裁、亚太区董事总经理朗智文·阿努称：“我们建设提速，得益于荆州开发区的优质服务。我们选择荆州开发区，看中的，正是其高效细致的服务。”

签约仪式上，朗智文·阿努向荆州市政府赠送书法作品——“逢山开路、遇水架桥”。这八个大字，是企业对荆州营商环境的由衷赞誉。

伟速达（中国）公司董事长菲利普·德奎克也表示，经过多方比较，公司最终选择落户荆州开发区，主要是看中这里突出的区位优势、完整的汽车零部件产业链和良好的营商环境。

美好置业作为全国绿色建筑业的领军企业，于2017年8月进驻园区。到2018年6月，7层综合楼主体框架已基本建成，用实际行动阐释开发区的发展速度。

改善发展软环境，助力既有项目提档升级。

荆州开发区实施“百企百亿”工程，推行“企业秘书”制度，围绕重点企业，助力既有项目壮大提升，支持骨干企业冲刺百亿，加强细分领域“隐形冠军”培育，鼓励企业走“专精特”发展之路。2018

安波福荆州分公司二期项目签约仪式

伟速达（中国）汽车安全系统有限公司荆州项目签约仪式

年内将完成工业技改扩能项目超100个，其中，过亿元项目超30个，总投资过100亿元。

以高端制造、高端服务、高新技术产业为核心的现代产业体系初具规模，产品供给、服务供给质量明显提高。

改善发展硬环境，基础设施建设再提速。2016年荆州开发区“成片征迁”启动；2017年用于货币化安置的资金达13.9亿元；2018年“整村清零”工作得以有效推动。自2016年以来，共有6561户居民迁离原址。

如今，西起深圳大道、东达上海大道、北至岑河农场麻林村、南抵沙市农场荆农分场，27000亩成片熟地可供项目落地选择，从曾经的“项目等地”到如今的“地等项目”，大幅减少项目落户时间，营造出良好的投资环境。

人们期待经济发展，更期待幸福生活。征迁腾地，牢牢守住民生底线。“住房等人”，还迁建设加速推进。2015年以来，荆州开发区联合街办、沙市农场、岑河农场、滩桥镇，相继建起常湾逸居等新家园，累计建成新房8696套，4272户原居民喜迁新居。

完善道路、管网建设，打通连接企业的“血脉”。开发区全区倾力修筑道路网，建有主要道路57条，总长约141.8千米，在209平方千米的土地上形成了以东方大道、深圳大道、上海大道为“经线”，以北京路延伸线、江津路延伸线、荆沙大道延伸线、复兴大道为“纬线”的“三纵四横”的路网骨架，撑起空间大格局。

看得见的是路网，看不见的是地下综合管廊。全区大力铺设管网，形成地下互通综合管廊。截至2018年7月，全区雨污分流管网辐射范围81.9平方千米，正在建设开发区本级市政管网项目18个、污水管道36.65千米。明年将启动59千米污水管网建设。

筑牢生态“红线”，走低碳、环保发展之路。直面柳林水厂生态问题，组织14家单位打响饮用水源地保卫战，一举清空水源地上游1000米、下游100米范围障碍物，复绿树苗连成大片。

淘汰落后产能，连续3年淘汰企业60余家，引导企业转型升级。加大环境整治力度，打响污染防治“春雷行动”。铁腕治污，重拳出击，认真落实河、湖、渠长制工作，以行动守护“绿水青山”，践行“绿色发展”。

创新驱动：激发经济新活力

创新是引领发展的第一动力，是驱动高质量发展的加速器。

引导企业技术创新、加快自身制度创新，荆州开发区以“双轮驱动”模式，引领产业发展，构建起颇具竞争力的现代产业体系。

一场渴求发展的技术创新，在企业自内向外生发：

菲利华建设“智慧工厂”，打造智能化生产模式，成为荆州首家荣获湖北省第七届“长江质量奖”企业，荣登2018年中国品牌价值评价榜单；湖北达鑫电子生产的“硅胶精密组件”，填补了荆州市电子信息产业链空白；耀能新材延伸玻璃深加工产业链，打造中国最大镀膜节能玻璃、特种玻璃生产基地。

2017年，全区新认定高新技术企业8家，高新技术企业总数达53家，实现产值168.3亿元，同比增幅16.76%。

一场自我革新的制度创新，在荆州开发区次第展开：

自2016年起，连续3年，荆州开发区财政相继拿出585万元、2341万元、4606万元，重奖在技改扩能、提质增效、创新驱动等方面表现突出的企业。奖励金额年年攀升，受奖企业年年递增，展现诚信政府鼓励企业做大、做强的决心，更展示企业高质量发展的良好势头。

精心打造支持企业发展的“政策包”，汇编2015年以来支持工业经济发展的政策并发放到企业；设立金融“工具箱”，破解企业融资难题，助推实体经济发展。

实施“1511”企业培育计划。用3年至5年时间，打造年销售收入过100亿元企业5家、过50亿元企业5家、过10亿元企业20家、过亿元企业70家，推进直属片区跨越1000亿元大关。

行政服务创新。试点“一支队伍管执法”，突出政务服务便捷化，力争做到“办事不出区”。行政审批“一次办好”，按照全市“一次办好”改革精神，对窗口办理事项进行流程再造，大力推进“马上办、网上办、一次办”。推进“证照分离”，清理103项行政审批事项，推进信息共享和资源统筹。

试点一般工业项目“零审批”改革，变“先批后建”为“先建后验”，原18项手续简化为4项要求和1个一次性承诺，提速151个工作日。

实行“园区抓秘书、秘书抓项目”的全员传动机制。人人都是企业秘书，个个都是“店小二”，推动项目建设与时间赛跑、将零距离服务送上门。

投融资领域创新。探索组建基金公司、城镇化公司、担保公司、人力资源服务公司平台，开创多层次资本市场新格局。先后发行“13荆经开债”“双创孵化债”等，拓展融资渠道，为企业解决资金难题，为项目建设提供财力保障。

党建工作创新。连续3年开展“三比一促”主题实践活动，将招商引资、服务项目、土地收储、征迁安置等重点工作串联起来，比担当、比作为、比业绩、促发展。

雨过天晴云破处，这般颜色画将来。荆州开发区遵循新发展理念，沿着“五大路径”阔步向前，敢于“跳起来摘桃子”，勤于“扑下身子抓落实”。在中国经济新的版图上，荆州开发区人正以新的胆识和魄力，为新的跨越和领航刻标。

未来，荆州开发区将坚定不移地走生态优先、绿色发展之路，以“制造强区、创新兴区、开放活区、生态立区”为总体战略，充分利用长江黄金水道资源，高标准谋划临港产业，加快融入湖北自由贸易区；围绕创新驱动，建成“高端制造高地、新兴创新智谷”，力争用3年至5年时间，将直属片区打造成千亿产业园区，朝着规划科学、功能完善、宜居宜业、生态文明的产业新城迈进，续航高质量发展的新征程。

（原载于2018年7月26日《荆州日报》，收入本书时有部分文字修改）

“中国绿谷”在腾飞

——荆州高新区发展纪实

2018 年 2 月 28 日，国务院正式批复荆州高新区升级为国家级高新开发区。3 月 30 日，国家级荆州高新技术产业开发区（以下简称荆州高新区）正式挂牌并启动建设，这是华中唯一、全国第三个以农业为特色的国家级高新区，将建设成为农业高科技企业聚集的“中国绿谷”。

荆州高新区由原华中农业高新技术产业开发区和荆州城南经济开发区并区更名而成。园区总面积 131.3 平方千米，核心区面积 21.4 平方千米。目前，该区核心区 18 条主次干道已经建成，华中农业大观园、禾丰牧业、康盟药业、格力特生物饲料、米田绿山、上海国龙生物等一批优质企业先后落户。

未来，荆州高新区将打造成农业高新技术产业聚集区，创造中国南方现代农业发展全新模式，重点打造现代农业种养示范基地、现代食品精深加工园、生物科技产业园、智能农机装备制造园四大园区。力争到2020年，园区生产总值超过380亿元，工业总产值突破800亿元，营业总收入突破 750 亿元。

绿色担当：江汉平原崛起“农字头”高新区

这是在荆州高新区里见到的一幕：

长江大学农业科技创新园里，农户们正在农业教授、种植专家的指导下播种；

科技企业孵化器内，广沃科技工作人员正在对荆州农业大数据的应用平台进行设计搭建；

全国农牧业500强之一、上市公司禾丰牧业研发人员正在进行华中地区淡水养殖饲料配方调配试验。

……

这里处处是融合创新迸发出的智慧火花，处处是绿色农业传递出

荆州高新区鸟瞰图

的发展动力。

多年来，地处江汉平原腹地的农业大市荆州，为国家粮食安全做出了重要贡献。如今，在以科技创新为核心的新一轮竞争中，如何发挥优势，加快农业标准化、产业化进程，保护这方净土生生不息？

大农业必须大转型，大荆州必有大担当。

5年前，荆州市委、市政府携手省联投集团，在全国率先开创政企融合模式，共建以农业为特色的荆州高新区，政务资源与市场需求完美融合，充分调动各方力量，增添活力，集聚人气。

5年来，荆州以荆州高新区为主战场，积极探索一条现代农业的绿色发展新路，用高新技术武装农业，用现代管理方式经营农业，用绿色发展理念引领农业转型升级，“农字头”高新区拔地而起。

时间定格在2018年2月28日，国务院批复同意，荆州高新技术产业园区升级为国家级高新技术产业开发区。以农业为特色、以绿色为底色、以科技为引领的国家级高新区破土新生！

国家级平台，责任前所未有，机遇前所未有。荆州为之振奋，华中为之瞩目，期待着“南方黑土地”交出现代农业发展的新时代答卷。

绿色产业：为农业插上科技创新的翅膀

乡村振兴，产业是基础；农业创新，科技是保障。

在国家级高新区挂牌成立的当日下午，荆州高新区管委会与深圳大疆创新科技有限公司、中农联控股有限公司等7家企业签订项目投资协议，建设农业植保无人机区域总部、国龙新型基因工程酶制剂等高新项目。

这是科技公司入驻高新区的个案，也是科技与农业融合的典型案例。

入驻科技企业孵化器的广沃科技是一家农业大数据公司。如今，搭建荆州农业大数据库项目已进入尾声，技术人员正在研究开发大数据应用平台。“未来，我们希望普通农户能够通过大数据应用平台实现环境监测、精细化生产，更希望能够基于大数据库建立农产品溯源体系，服务更多人。”广沃科技相关负责人说。

科技企业孵化器是荆州高新区众多“智力”平台中的一个。5年来，荆州高新区高擎科技创新的旗帜，全力建设科技创新平台，积极探索以科技为引领的绿色农业发展新路。

依托长江大学实验实训中心共建的科技企业孵化器，采用国际先进的“创业投资+企业孵化”的创新孵化模式，通过技术、管理、培训、融资等服务，帮助企业提升竞争力。

科技创业服务中心吸引了西部控股、众擎水产、荆州味道、云华农汇网等一批高新技术特色的中小型企业入驻，中心支持企业将高新技术成果进行转化，为高新技术产业培育新生长点。

荆州高新技术产业园区

荆州高新技术产业园区

占地 2000 亩的长江大学农业科技创新园，可选育动植物新品种，集成组装和示范应用标准化、成套化农业种养技术，积极推广先进、成熟、实用的农业新品种、新技术。

湖北省水产产业研究院重点围绕食用鱼养殖技术、鱼类遗传育种工程技术、智能渔业技术等 4 个研究中心搭建科技创新平台，按照“研究中心 + 示范基地 + 科技培训 + 推广应用”模式，服务荆州乃至全省水产业发展。

……

农业物联网、植物工厂、农光互补、无土栽培、循环养殖等先进绿色模式，在荆州高新区广泛应用。现代农业、设施农业、食品加工，在园区内拔节生长。目前，荆州高新区招商引资企业达 21 家，投资近 200 亿元。

在荆州高新区，科技创新正为现代农业发展注入绿色动力。

绿色梦想：打造“中国绿谷”创造“荆州模式”

党的十九大做出了实施乡村振兴战略的重大部署，晋升为国家级高新区的荆州高新区心怀责任，勇于担当，起航打造“中国绿谷”新征程。

在高新区人心中，“中国绿谷”不仅要汇集科技创新资源要素，打造成农业高新技术产业聚集区，还要打造以农业研发、技术推广、产品创新为一体的绿色农业发展体系，开启中国南方现代农业发展全新模式，建设中国的“生态绿谷”。

荆州高新区将立足江汉平原水网湖区，坚持绿色发展、低碳先行，引进绿色技术、绿色产品、绿色项目、绿色平台、绿色产业，大力发

荆州高新区道路

展绿色农业、生态农业，加强现代农业生产示范体系、农产品质量监管示范体系、产业生产过程低碳环保等现代农业示范体系建设，为华中地区绿色农业发展提供“荆州模式”。

展望明天，中国南方水网、水产产业示范区、水产交易大数据中心、华中水产市场价格信息库等，将擦亮荆州“淡水鱼都”国家名片。农牧副渔生产大基地、农业名牌集中大平台、农业产品流通大枢纽等，将把“绿色农业看荆州”叫响全国。

立足本土、放眼华中、胸怀神州。面对新的历史使命，荆州高新区梦圆绿谷让人充满期待和信心！

（文图由荆州高新区提供）

“一区七园”协力行

——黄冈高新区发展纪实

1990年，黄冈高新技术产业开发区（以下简称黄冈高新区）的前身——“黄州科技经济开发区”从42万元起家，开启了新的征程。随后，开发区在一代拓荒人的带领下，筚路蓝缕，历经十年风雨，规模初现。

2000年，湖北省政府批准成立省级黄冈高新技术产业开发区。经

黄冈高新区，充满活力的产业新城

过17年的不懈努力，开发区基础设施建设日渐完善，园区路网成型，鄂黄长江大桥通车，黄冈中学等名校进驻，伊利、晨鸣等知名企业纷至沓来。

新起点，新征程。2017年，黄冈高新区以“一区七园”的创新形式申报，正式升格为国家级高新区。以黄冈高新区为核心，辐射和带动红安、麻城、团风、浠水、蕲春、武穴、黄梅7大园区，形成了“1+7”以创新创业为先导、区域产业差异化发展的“黄冈模式”。黄冈市委要求，未来，黄冈高新区要为黄冈市建成全省“一主两副多极”发展战略中的重要一极提供有力支撑。

一届接着一届干，绵绵用力，久久为功。2018年，黄冈高新区“一区多园”协同发展的格局拉开帷幕，全力打造大别山革命老区振兴崛起的先行区。

披荆斩棘，逢山开路勇拓荒

“2000年，湖北省人民政府批准成立黄冈高新区，但实际上，早在1993年，黄州科技经济开发区就效仿东部沿海发达地区，谋划高新区的建设。”黄冈高新区管委会原副主任胡和平说。从1990年成立黄州开发区，到成立省级黄冈高新区，用了整整十年时间，这十年的发展，为后来开发区的发展，奠定了坚实的基础。

黄冈高新区成立之前，胡和平是黄州小有名气的企业家、湖北省第八届人大代表。他懂企业运作，懂经济建设，从黄州开发区成立，他就担任园区副主任。省级黄冈高新区成立的第二年，黄冈市政府聘任胡和平为高新区管委会副主任，分管城市建设。从1990年干到2013年退休，胡和平服务高新区23载。

忆往昔峥嵘岁月，黄冈高新区的每一条道路建设、每一个项目奠

高新区内的稳健公司厂房

基、每一次招商引资，胡和平都参与过。在这个过程中，有成功的喜悦，也有挫折和坎坷。胡和平亲身经历开发区两次晋级，一切都历历在目。

胡和平说，黄冈是革命老区，底子薄，经济欠发达，高新区刚成立时，只有42万元启动资金。其他地方搞开发区多是大手笔投入，筑巢引凤，黄冈没有资金搞基础设施建设，只能反其道行之，借米下锅，先引凤再筑巢，属无奈之举。

开发区刚成立时，市里要求修建一条长6.25千米的禹城大道（后改为新港大道），资金缺口非常大。当时，黄冈地委主要领导视察道路建设，因现场泥泞不堪，这位领导脱掉胶鞋，行走在泥水里，这个镜头至今仍感动着胡和平。

胡和平当即垫资120万元，带领80多名工人夜以继日地干，逢山开路遇水搭桥，将一条羊肠小道拓宽至20米、30米、50米。如今的新港大道宽阔、整洁，已成为黄冈中心城区的主干道。

彼时，黄冈地区在广东等地务工的人多，有不少人赚到了人生第一桶金。高新区号召能人回乡，支援家乡开发建设。此举吸引了不少能人回来。虽然一开始投资兴建的都是些小型企业，如石材厂、木材加工厂、铝制品厂、砂石厂等，但初步聚起了人气。

胡和平说，新港大道建成后，集贸市场、银行、学校、医院、酒店、餐饮等配套设施也逐步完善，开发区的框架初步搭起来，在湖北具备一定的影响力和知名度，这让招商引资团队有了底气。

栉风沐雨，城区旧貌换新颜

2000 年 7 月 6 日，省政府下发文件，正式批准成立黄冈高新区。

同年 8 月 8 日，黄冈市召开黄冈高新区成立暨黄州开发区成立十周年大会，自此，高新区的发展迈入了历史快车道。

2001 年 5 月，黄冈市委、市政府发布《关于加快黄冈高新区建设和发展的决定》，决定授予黄冈高新区部分市级行政和经济管理权，并制定各项政策，出台了鼓励客商投资的若干规定。

建章立制后，2002 年 11 月 15 日，鄂东最大的图书馆——黄冈师范学院图书馆在高新区破土动工，黄冈师范学院整体搬迁。随后，全国名校——黄冈中学新校区奠基，鄂东职业技术学院落户。

胡和平说，几所全国知名大中院校建成并投入使用，让开发区名声大振，也给开发区带来大量的人气，大量人才涌进了开发区。此外，学校的各类人才，也为开发区的建设发展提供了智力支持。

2012 年 12 月 26 日，鄂黄长江大桥举行合龙庆典，大桥建设正式通过湖北省交通厅验收，天堑变通途，黄冈南大门由此打开，高新区的基础设施建设也开启了加速模式。

新港一路、新港二路、新港三路、新港四路、新港五路、赤壁大道、文峰路、岳王路、明珠大道等基础设施建设摆上议事日程，征地拆迁等快速展开，整个开发区成了“大工地”。

招商引资方面，早期有投资5亿元的北京汇源落户，投资1.5亿元的黄冈贸易广场破土动工，投资4亿元的太子奶生物科技有限公司奠基。伊利乳业进驻黄冈，稳健医疗集团落户，飞翔磨具破土动工。

2010年之后，行星传动、索菲亚、顾家家居、晨鸣纸业、万达等知名企业纷纷落户。

2016年，“黄冈大别山科技板块”集体挂牌仪式在武汉光谷资本大厦举行，黄冈高新区的湖北贵族真空、联统机械等7家科技型企业登

落户黄冈高新区的伊利乳业追加投资，再建一座新工厂

陆湖北区域性股权市场“科技板”。

作为索菲亚布局华中的制造中心，索菲亚家居湖北有限公司于2014年5月在黄冈高新区注册成立，注册资本7亿元，总投资10亿元，经过三年的发展，现有员工1800人。

索菲亚家居湖北有限公司行政主管杨梦钰说，黄冈市成立了市领导挂帅的索菲亚服务专班，主动对接，上门服务，并且在项目落地以及建设、运营阶段实行一条龙服务。黄冈基地也是索菲亚公司总部高度认可的“建设速度最快”“投资环境最优”“政府服务最好”的分公司。公司2017年产值10亿元，纳税1.04亿元。

当前，黄冈高新区已经成为黄冈经济转型的先导区、改革创新的试验区、产业升级的核心区、产业集群的示范区。黄冈高新区管委会主任刘新华说，经过17年的发展，高新区已基本形成了以伊利乳业为代表的食品饮料产业、以行星传动为代表的高端装备制造业、以索菲亚定制家居为代表的现代家居产业、以晨鸣为代表的轻纺产业、以中外新材为代表的建材产业五大主导产业格局。

时不我待，老区步入快车道

2017年2月12日，国务院批复同意黄冈高新技术产业园区升级为国家高新技术产业开发区，定名为黄冈高新技术产业开发区，实行现行的国家高新技术产业开发区的政策。

黄冈高新区管委会主任刘新华说，这标志着黄冈高新区正式成为“国家队”，黄冈市实现了“国字号”高新区的零突破。满怀激情的黄冈高新区，肩负着区域经济和大别山振兴发展的引领重任，将在“创新驱动，创业发展，产业聚集，特色发展”的征途上，纵横捭阖，长袖飞舞。

目前，全区共有高新技术企业109家，高新技术产业对区域经济的贡献比重逐年递增，高新产业的优势地位日益显现。

2017年6月，黄冈市委、市政府颁布《关于促进黄冈高新技术产业开发区创新发展的决定》（以下简称《决定》），明确着力把黄冈高新区打造为政策特区、人才特区、技术特区、资本特区，引领市域经济创新发展。

《决定》提出，通过“政策引领、产业聚集、资源共享、共同发展”，按照“黄冈高新区＋团风、红安、麻城、浠水、蕲春、武穴、黄梅”的“1+7”构架模式，共同打造300平方千米的高新技术产业聚集区。

功能定位上，黄冈高新区坚持以高新技术产业发展为主，着力打造先进制造业、战略新兴产业和生产性服务业聚集发展平台，努力将黄冈高新区建成高新技术产业和战略新兴产业的集聚区、新型工业化发展的引领区、黄团浠区域协同发展的起步区、高水平营商环境的示范区、大众创业、万众创新的平台区、开放型经济和体制创新先行区。

到2022年，黄冈高新区核心区将发展成为创新创业活跃、产业特色鲜明、管理服务高效、生态环境优越、城市功能完善的园区，进入全国国家级高新区百强行列；实现地区生产总值300亿元，实现规模以上工业增加值800亿元，一般公共预算收入30亿元，高新技术企业达150家，主要经济指标年均增长30%以上，努力为黄冈建成全省“一主两副多极”发展战略中的重要一极提供有力支撑。

产业布局上，科学编制“一区七园”产业规划，统筹黄冈高新区产业布局、功能分区、服务配套和环境保障；加快实施“中国制造2025”战略，支持传统制造业通过技术改造，向中高端迈进，促进转型升级；推动核心区发展空间，推动要素向园区聚集、企业向园区集中、产业向园区集群，10年内将核心园拓展至120平方千米；加大基础设施建设，推动产城融合。

转型升级上，重奖为主。鼓励企业牵头组建重点实验室、工程技术研究中心等，并给予奖励；引导企业加大技术研发投入力度，提升企业创新能力；深化产学研合作，加快科研成果转换；大力引进高层次创业创新人才和具有战略眼光的产业领军人物，搭建高端人才支撑平台；鼓励高校设立大学生创业基地，2022年建成各类孵化器50家；深入实施大别山金融工程，推动科技金融改革创新，着力打造“资本特区”，重奖挂牌上市企业。

改革创新上，完善黄冈高新区管理体制和运行体制，将市级经济管理权限全部下放到黄冈高新区，行政审批事项实行“一个窗口受理、一枚印章审批、一站式服务、一次性办结”；推进财税体制改革，做实黄冈高新区一级财政，建立代理金库；深化投融资领域改革，鼓励政府和社会资本合作模式，进行黄冈高新区公共服务、基础设施类项目建设。

刘新华说，黄冈高新区自晋级为国家级高新区以来，改革创新活力不断释放，科技服务拉力不断提升，产业集聚效应不断增强，营商环境不断优化，辐射范围不断扩大。

刘新华表示，黄冈高新区承载着750万黄冈儿女的梦想，承载着大别山老区的发展希望，是黄冈经济转型的先导区、投资兴业的集聚区和改革创新的实验区。

未来，黄冈高新区将以提升高新区产业层级、壮大经济实力为中心，高举国家高新区旗帜，勇担新使命，展现新作为，为推进大别山革命老区振兴崛起、为把黄冈建设成为“一主两副多极”的重要一极谱写新的篇章。

（文图由湖北日报全媒记者王焱垚提供）

乘风破浪正当时

——葛店开发区开启二次创业征程

“一马当先，不断超越！”

在武鄂高速葛店出口处，这八个大字的招牌，特别醒目。

这像一种宣示，也是一种自我鞭策。1990 年 7 月，乘着改革开放的春风，湖北省第一个省级开发区在葛店落地发芽。28 年过去，葛店开发区经历了由无到有、从小到大的发展飞跃。昔日的偏僻小镇正在

葛店开发区高新二路西延线

崛起成为一座现代化科技新城。

回望28年来时路，开发区人筚路蓝缕、披荆斩棘，有过辉煌和自豪，也有过曲折和失落。如今，站在新时代的历史风口，葛店开发区又当如何展开二次创业、华丽变身？

2018年2月27日，时任鄂州市委副书记、市长王立到葛店开发区调研时强调，葛店开发区要面对当前形势，以二次创业为统领，以供给侧结构改革为主线，以高质量发展为精准定位，实现开发区的崛起和腾飞。

“功成不必在我，建功必须有我！”鄂州市委常委、开发区工委书记胡澜对此直言：“不抢抓机遇、乘势而上，延误了葛店的发展，我们就是历史的罪人！”

战鼓声声，冲锋号响。葛店开发区干部职工闻声而动，上下一心，以前所未有的紧迫感和责任感开启了二次创业新征程！

忧思篇：正视差距谋“四新”

葛店，相传因东晋时期葛洪在此炼丹而得名。千百年来，栉风沐雨，闻辛亥枪声，经抗战烽火，历时代变迁，立改革潮头，葛店故事一路精彩。

1990年7月，湖北省委、省政府批准在葛店成立全省第一家省级经济技术开发区；2012年7月30日，经国务院批准，湖北葛店经济技术开发区升级为国家级经济技术开发区。

葛店地理位置优越，毗邻武汉东湖国家自主创新示范区。沿高新大道，葛店与武汉未来科技城、光谷生物城、东湖高新区无缝对接，到武汉市中心21千米，到武汉高铁站20千米，到湖北省委、省政府30千米，到天河国际机场50千米，是武汉城市圈中离武汉最近的国家级开发区。

葛店地处长江经济带的中部，交通便捷，公、铁、水、空多式联运优势突出。武鄂、武黄、鄂黄、鄂咸高速公路直联京珠、沪蓉、福银、大广等国家骨干高速公路；武九铁路、京广京九连接线、武黄和武冈城际铁路以及在建的武汉南昌高铁线均在葛店经停设站，与武汉轨道交通无缝换乘；高新大道、316 国道直达武汉主城区，25 路、101 路、301 路、501 路公交车与武汉同城对接；葛店背靠长江，水运发达，区内有白浒山港和南山港两个五千吨级港口，是武汉新港的核心港区。

应当说，葛店开发区的先发优势、区位优势得天独厚。建区 20 多年来，开发区人拓荒创业，负重前行，走过了一段极不平凡的历程，创造了许多不平凡的业绩。2001 年 9 月，葛店开发区在国家工商总局注册“中国药谷”商标成功，2007 年 7 月获批成为武汉国家生物产业基地核心区，2009 年获批成为武汉国家高新技术产业基地组成部分、武汉东湖国家自主创新示范区拓展区，2012 年 7 月获批升格为国家级经济技术开发区，2014 年成为湖北省电子商务示范区。

当年荒草丛生的偏僻之地，如今已崛起了一座初具规模的现代新

宜居宜业美丽新葛店

城。2017年，葛店实现国内生产总值200亿元，增幅12.8%，高于全省增幅近5个百分点，财政收入突破20亿元，经济发展一直领跑鄂州市。

然而，因为多种原因叠加，开发区的发展并不是一帆风顺。

2016年，国家重启国家级经开区综合考评工作，对全国365个国家级经开区从产业基础、科技创新、区域带动、生态环保、行政效能五个方面共53项考核指标进行综合评价。

数据显示，当年考评的53项指标中，葛店开发区有29项指标低于全国国家级经开区平均水平。其中，国内生产总值、财政收入、税收收入等指标，在全省十几家国家级开发区中处于末尾。

有人形象地说，葛店开发区是"醒得早、起得晚"。压力面前，作为湖北省第一个开发区，葛店人心中的"危"与"忧"可想而知。

2017年2月初，开发区工委书记胡澜在全区干部大会上"敲警钟"："从今年开始，国家商务部将对全国范围内的国家级开发区实行动态管理、优胜劣汰，综合考核排名在倒数五名的予以降级除名。以我们现在的状态，如果不知耻后勇、奋起直追，被降级除名真的不是危言耸听，

‘生存问题’已成为需要我们每个开发区人时刻警醒的大问题。”

的确，随着国家有关部门考核办法日趋完善、审核机制日趋严格，发展停滞的开发区被摘牌，并不是危言耸听。

压力与突围、挑战与机遇，从来就是相伴而生。开发区人清醒地认识到，以守维成，则成难继；因创兴业，则业自达。葛店开发区有经济规模偏小、缺少龙头企业支撑、环保压力较大、城市功能不全等诸多不足，但是，葛店同样迎来历史性的战略机遇。

葛店与武汉地相连、路相通、人相融，是鄂州对接武汉的桥头堡。随着武汉国家中心城市和鄂州航空都市区的获批，中央关于长江经济带开放开发的战略规划、中部崛起第二个十年战略规划的颁布实施，以及省委关于“两圈两带一群”“一主两副多极”等省级战略的深入推进，从国家层面到全省的大环境，再到武汉、鄂州的局部环境，葛店开发区千载难逢的机遇就在眼前。特别是湖北国际物流中心枢纽机场落户鄂州市，以及武汉地铁 11 号线延伸到葛店，葛店的区位优势得到进一步加强，在内陆开发格局中的战略地位大大提升。同时，投资上百亿元、上千亿元的天马微电子、华星光电、国家存储器等一批重大项目在毗邻的武汉东湖高新区落户兴建，必将辐射带动上下游和周边产业发展。

今后五年，是葛店开发区转型升级的关键时期。怎样在更大范围和更高层次上整合国际国内两个市场、各种资源，使之成为开发区转型升级、跨越发展的催化剂、助力器，是葛店人最为紧迫的课题。为此，葛店开发区提出“三比”，瞄准“四新经济”。

“三比”是对照国家级开发区的标准比，补短板；对照东湖高新区的标准比，谋发展；对照葛店开发区的历史不足比，抓投入。“四新”就是新技术、新产业、新业态、新模式。

“四新经济”是在新一代信息技术革命、制造业与服务业融合发展的背景下，以现代信息技术广泛嵌入和深化应用为基础，以市场需求为根本导向，以技术创新、应用创新、模式创新为内核，打造新型经济形态。“四新经济”对于当前新常态下对冲经济下行压力、实现新旧动能转换、汇聚经济发展能量意义重大，是开发区最核心、最重要的任务和目标。

在具体工作上，葛店开发区党工委一班人制定了路线图：以航空都市区建设、武鄂一体化为契机，以结构调整、转型升级为主线，以提高发展质量和效益为中心，以征地拆迁、项目建设为重点，以优化环境、机制创新为保证，以提高人们幸福指数为目的，努力建设宜居宜业美丽新葛店。

实业篇：强区还须龙头带

民无恒产，则无恒心。实体经济是人类社会赖以生存和发展的基础，是一切财富的源泉。一个地方要长久健康发展，必须依靠实体经济。

缺少年产值过50亿元、税收过亿元的实体经济大企业。这是葛店的短板，也是葛店的痛。如何抚痛？开发区明确提出围绕“四新经济”，瞄准“高新尖大”的光电信息、IC设计等产业、实体企业进行以商招商、产业链招商、拆迁招商、借势招商，发展光电信息、生物医药、电子商务、智能制造、文化创意、现代服务业等重点领域，实现发展平台层次、引进项目质量、产业综合效益的提升，以期尽快形成产业集群，打造能在全国叫得响的葛店产品。

高铁，被称为中国“新四大发明”之一。2018年，沿着中国高铁的脚步，由“鄂州智造”的一种设备也将走向全球，这便是已处研发末期的全球首台高铁轨道快速修复设备。

组织研发的瑞祥安科技股份有限公司，是一家精密制造企业，也是葛店开发区2018年首家在武汉光谷联合产权交易所成功登陆“新四板”的企业。钢轨焊缝数控生产线、钢轨整形修复设备、钢轨在线修复系统——从概念设计到智能制造的系统服务，是该公司的主要业务之一。公司董事长龙杰介绍，2014年，该公司研发出500米长轨的生产设备，产品被全国18家铁路局中的12家轨道生产企业采用，占有全国高铁轨道生产设备近70%的市场。

“熟悉轨道，了解轨道，更清楚中国轨道生产中的短板。”龙杰所说的“短板”，便是高铁轨道在运行过程中产生的表面硬化和波纹。这些问题如不及时修复，会给高铁运行带来安全隐患。

目前，我国轨道修复均采用进口设备，全国仅有4台，单台设备购买费用超亿元。更要命的是，一台设备一小时只能修复500米轨道。而高铁给修复的窗口时间是多少？只有每天晚上的三四个小时。

设备能力和我国高速发展的高铁事业形成巨大反差，市场翘首以盼升级替代产品。

2015年，龙杰组织由10多位教授、博导组成的专家团队，攻关高铁轨道快速修复设备，目前产品已处最后调试阶段。“每小时的修复能力将达到10—20千米。计划初期的修复设计，从每小时3千米做起。”龙杰说。

这将是全球首台高铁轨道快速修复样机，全智能型，全车仅需3人操作，由3节车厢组成小列车，行走在轨道上，一路走一路修复，为高铁安全运行保驾护航。

同样有“尖板眼”、具有核心竞争力的还有瑞达源科技有限公司的“胶囊机器人”。

这家公司坐落在葛店开发区湖北科技企业加速器园区内。一根天

奋进中的葛店开发区

线、两个微型电池、一个射频发射器、一部小型彩色照相机，组成一个比一般胶囊稍大的机器人。

胶囊机器人不大，劲头可不小。“它可以取代胃镜，吞服后 15 分钟左右即可完成胃部检查，不需要麻醉也没有创伤，避免交叉感染。”公司负责人称，产品具有非常广阔的市场前景，仅湖北市场，一年份额就有 30 万例。

类似这样的企业，在葛店开发区不断涌现。

龙头企业辐射带动作用大，高新企业示范引领效果好。“鄂州智造”奋起直追，声名鹊起。2017 年，葛店开发区新引进了铂华基因医学检测、卡梅隆佩斯影视文化创作基地、拓材半导体材料产业化基地、泰科精制速溶琼脂提取技术基地、葛店动漫生态产业城、容百年产 15 万吨锂电正极材料、九同方射频集成电路设计全流程工具、鹏源激光等 26 个亿元以上项目，总投资 177.2 亿元。

2018 年年初至今，投资 7 亿元的虹润新能源二期、投资 10 亿元的苏宁二期、投资 3.5 亿元的华工激光二期、投资 5 亿元的安博物流园等 15 个投资亿元以上项目陆续开工，效益开始显现。同时，分别投资 50 亿元的容百三期项目、天岳项目也陆续开工，快速推进。

融合篇：刻不容缓补短板

与产业项目引大做强同步的，是城市配套功能的全面完善。

早些年，葛店开发区侧重项目的引进和落户，忽略了城镇化配套，以及人才引进后的安居问题。

“发了工资，没地方花。几个朋友想约在一起吃个饭，找不到好餐馆。年轻人想约会谈恋爱，找不到浪漫的地方。没干多长时间，有些人又回南方去了。”一位企业高管笑谈。

经济在进步，人才却难留住。这到底是怎么一回事？“其根源是

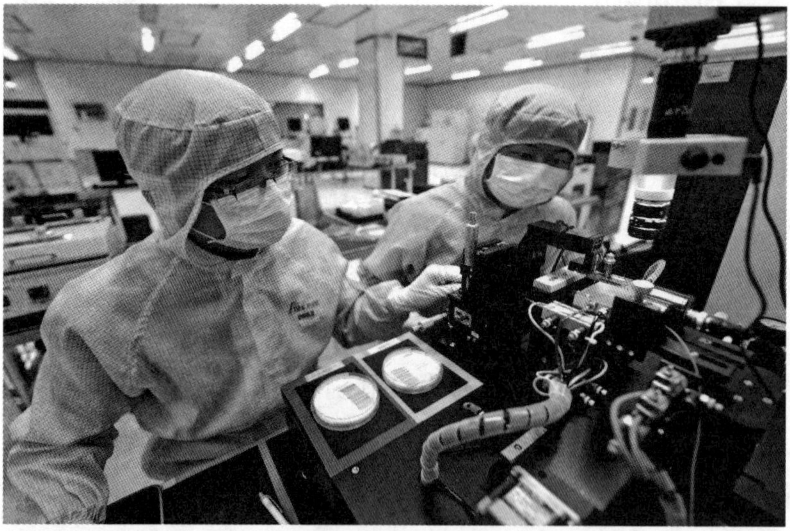

半导体光芯片企业——光安伦公司

产城脱节、城市功能缺失，这也是葛店开发区发展的最大短板。”葛店开发区相关负责人说。

其实这个短板也是全国高新区普遍存在的一个现象。大部分开发区位于城市的郊区或者是城乡接合地带，最初的功能定位为产业聚集区。在以往粗放型的发展模式下，作为“单一经济体”的高新区，更多的是追求工业经济的增长，走的是“重生产、轻服务；先生产、后服务”的发展道路。而且在初始阶段，高新区发展的推动力主要是来自优惠政策的支持和政府的扶持，即高新区发展的外在推动力远远大于内生驱动力。

面对短板怎么办？葛店开发区党工委认识到，产城融合，才是解决这一问题的良方；走产业发展与城市发展相互协调、经济发展与生态文明建设相互兼顾的路子，才是唯一正确的路径。唯有如此，才会集聚更多的人才、技术、资金和信息等要素。

“跳出工业经济或产业园区的局限，注重知识经济、创新文化、现代生态文明及和谐社区的建设，由单一的‘经济体’或产业园区，向产城融合的科技新城或创新型新城转型。最终，激发并提升葛店开发区的内生动力。”相关专家也提出建议。

2013 年 6 月，葛店开发区委托武汉市规划研究院进行葛店科技新城的总体规划修编，规划要体现“聚合住宅，优化北部；打造基地，调整中部；彰显环境，再造南部”的发展宗旨。

2017 年以来，开发区及时调整发展思路，明确了开发区建设与发展的具体目标和发展路径，制订了未来三年城市功能项目行动方案。

“尽快补齐发展短板是葛店开发区当前最为紧迫的任务，修好内功，做好自己的事情。栽好梧桐树，引来金凤凰。”开发区主要负责人说。

几年的努力，终于迎来了变化。“当年，我在大湾当老师，我妈再三叮嘱，千万莫在大湾谈恋爱，那里穷啊。”已是孩子妈妈的廖女士笑道，“而现在，乌鸡变凤凰了。”

廖女士当年工作过的大湾，就是如今的城市 CBD（中央商务区）的核心区。记者来这里看到，6 车道的城市主干道已勾画出未来的雏形，葛店开发区新建项目规划展示厅里的蓝图让人看到了美好的明天。

根据未来三年城市功能项目行动方案，葛店所有村民全部“洗脚上楼”，5 个新社区将成为他们的新家园；45 万平方米的文体公园，284 万平方米的城市湿地公园，将会让人们尽情挥洒汗水。

特别是，3.7 平方千米的城市 CBD 集商务、政务、金融、文化、服务为一体，由四大板块组成，将全面提升葛店新城的城市品位。

另外，双创谷板块、蓝湾智港板块、文体公园板块、半岛酒店板块等，将因地制宜，突出和打造各自特色，让葛店开发区城市功能全面升级。

秀海湿地公园、佛罗伦萨小镇、已进入实施阶段的城市 CBD 项目，就是这一思路的成果。

“这远远不够。要实现可持续发展，城市功能配套必须从政府主导向市场经营跨越。”胡澜说。自 2017 年起，开发区要借助市场力量继续夯实产城融合基础：

与中建三局合作，先后签订基础设施建设项目 135 亿元、城市功能项目 109 亿元的合同；

与武汉地铁集团联手，投资 20 亿元推进地铁 11 号线延伸至葛店南；

与省长江产业投资集团合作，实施长江沿岸环境治理和生态保护工程。

2018 年，开发区还将在葛店南站附近投资 5 亿元，建设 140 万平方米“双创谷”，吸引高端人才创业创新。

多头并举的产城融合，其实还牵涉另一个方向，或者说除了内部的配套融合，还有一个外部的融合即武鄂一体化融合。

“葛店发展不快的主要原因，是融入武汉的程度不够。葛店融入武汉的速度，决定葛店的发展速度。”武汉爱民制药有限公司董事长、总裁刘享平认为，武鄂要实现同城化发展，葛店就必须全面对接武汉高新技术开发区，千方百计融入武汉的发展。

刘享平说，首先是硬件的对接，葛店要主动融入武汉发展。他提了三个建议：建议增开一条从葛店至武汉火车站的直达公交；建议增设一条从光谷—高新—创业—葛店—关山循环公交；此外他还建议政府以购买服务的方式，将左岭、葛店高速公路收费站彻底拆掉。

“大树底下虽然不长草，但是大树底下可以长‘城’，这个‘城’围绕大树去发展，培育特色产业之城作为支撑。”有关专家也提出思路。

2002年，湖北省推出武汉城市圈战略，葛店开发区迎来新的发展机遇，从过去承接武汉外迁企业的态势换道发展，步入高新之路。高新大道动工之初，省政府要求将这20平方千米的高新产业带作为武汉城市圈高新技术产业带的核心区进行布局。

2004年年底，东湖高新区开辟第一个“园外园”，与葛店开发区共同打造中国“药谷”。葛店开发区联合东湖高新集团打造东湖高新智慧城，已有湖北真福医药、武汉伽诺美、武汉鼎业环保、昆山祥光腾等一批生物医药、智能制造企业在园区落户。

武鄂协同，产业对接。目前，葛店开发区已建成光电子信息产业园、大健康产业园、先进制造产业园、电子商务示范基地、现代港口物流园区。同时，省幼儿师专、武汉职业技术学院等一批大专院校落户葛店，给葛店增加了人气，带来了活力。

产城融合，提升城市功能已成发展的必然选择。佛罗伦萨小镇开

葛店亮化夜景

门迎宾，全新的中央商务区、新葛店高中在规划建设之中，葛店开发区首家大型影院进驻东湖高新智慧城，三甲医院湖北省中医院武东院区正式开工，这些将全面提升葛店的生活品质。

打造宜居葛店，“葛店—光谷”双城互动时代已开启，居民生产生活融合在加速。

湖北容百锂电公司总经理张雷已在葛店工作 3 年多，他说：“目前开发区软环境大为改善，特别是医院和学校的引进，让我们切身感受到了这里从上到下的迫切发展愿望。”

崛起篇：综合治理绘蓝图

只谈经济发展，不顾生态保护，是涸泽而渔；只谈生态保护，不顾经济发展，是水中捞月。渔业文明、农业文明、工业文明、生态文明，这是历史发展的不同阶段。生态文明源于工业文明，是对工业文明的发展与超越，是人与自然和谐相处的高级阶段。

“如何掌握好工业文明与生态文明并驾齐驱的‘平衡术’，这也在考验着葛店的绿色发展之路。”有专家认为，“智能、循环，是二者之间的平衡点。”

“绿水青山就是金山银山。坚决实行环保‘一票否决’，做到‘三不’，即新上项目和所有企业不环评的不立项、环评不过关的不开工、排放不达标的不生产。以大环保的高压态势促进现有企业实现‘三个转变’，即通过严格的环保政策，促进现有低层次企业升级换代，提升档次；促进僵尸企业腾笼换鸟，盘活存量土地；促进高污染、高能耗企业关闭停产，确保‘看得见山，望得见水，记得住乡愁’。”开发区负责人说。

这就要求，提高土地、环保、能效等产业准入门槛，注重投资效益、技术含量和自然资源利用效益。2017 年 10 月，借长江大保护之机，开发区依法关停占地 200 多亩的表面处理工业园，10 家企业迁出。2018 年一季度，开发区整顿僵尸企业 20 多家，关停 30 多家散、乱、污企业，又腾出工业土地 500 多亩，然后引进优质项目。

区经济发展局局长陈清海说，除了拉紧环保闸门，葛店为做强增量重新设置门槛：一是具有行业标杆作用的“四梁八柱”型企业；二是市场潜力、创新能力皆备的科技型项目。

同时，下大力气改造升级原来排污大户，真正在循环利用、绿色发展方面蹚出一条新路。

2018 年 6 月 12 日，鄂州电厂领到了“国家排污许可核发系统”核发的首张排污许可证。鄂州电厂的排污可不是真的排放污染，其所走的是一条绿色循环之道。

粗大的管道或沿街而走，或跨街进厂，这种现象在葛店开发区很容易撞见，管道传送的便是来自鄂州电厂的热能——蒸汽。

通常火力发电机组热效率仅有35%左右，实现热电联产后，热效率可达80%以上，不仅节能环保，而且供热稳定性高。2014年10月12日，鄂州电厂热电联产项目完成首个用户蒸汽吹扫工作后投入正式运营，成为湖北省首个环保供热大型项目，并与葛店当地达成了建设热电联产项目的意向。

2016年，葛店开发区开始建设热力管网。改造低压供热管网，铺设外部热力供应管网，取得供热特许经营权。目前，供热管网并接后已延伸至葛店开发区10多家企业。

“我们便是其中一家，每天要用70吨左右的蒸汽。”武汉远大弘元股份有限公司副总经理黄建勇说，“本来，我们已购买了一台新的6吨锅炉。有了集中供热，这台新锅炉也闲置了。不用锅炉，也就没有了粉尘排放，又少了一个排放源。”

鄂州发电有限公司是湖北省循环经济第一批试点单位。现在，电厂产生的废料高品质粉煤灰主要销往武汉、鄂州等地的水泥厂、制砖厂，年均销售量达65万吨，销售额近5500万元，脱硫石膏和粉煤灰综合利用率达到了100%，曾经棘手的废弃物变成了市场抢手的再生资源。

该公司循环经济的另一大亮点是尾水发电——“火电厂中的水电厂”。鄂州电厂一期、二期工程全部开机后，尾水流量达到每秒60立方米，电厂利用尾水排水口和长江水平面平均10米的落差修建了一座尾水电站。每年发电量可为电厂节约近2000万千瓦时、节约标煤7000多吨，工业水循环利用率也达到了国家发改委火电清洁生产标准。

在严执法、促整改的同时，葛店开发区将绿色理念融入城市建设之中，葛店老集镇雨污分流、城市综合管廊、湿地公园、生态绿廊等综合配套设施也成为葛店绿色发展之翼。同时实施生态修复治理工作，重点做好曹家湖、垱网湖、武城湖退垸还湖工作，让湖泊休养生息，还湖于历史，还湖于未来，还湖于人民。开展居民绿色行为评价，倡导绿色消费、绿色出行、绿色居住，实现生活方式绿色化。

面对现实，着眼未来。葛店开发区清醒地认识到，加强生态保护，走绿色发展之路，建宜居宜业新葛店，才是可持续发展之道。葛店开发区正在通过总规的修编和规划的实施，促进区域内产业结构调整，推动产业功能分区，逐步改善商住工业混杂局面，尽快完成从工业园区向环境优美、适宜居住的城市华丽变身。

2018 年，葛店将基本实现“两个转变”，即农民变市民、集体土地变为国有土地，为开发区全面转型升级奠定坚实基础。拆迁的思路是大拆迁、全安置，2018 年计划筹资 15 亿元，计划拆除房屋 11785 户，拆除房屋面积 240 万平方米。

全方位推进城市基础设施建设和城市功能建设项目。2018 年葛店将配套建设次干道、支路、桥梁等 21 处，建设城市公交站点、农贸市场、停车场、公厕、城市小品、城市绿地的等城市功能项目，计划完成政府投资 50 亿元，开发区大建设的高潮即将掀起。

胡澜在接受采访时说，坚持新发展理念，激活各项生产要素、改善人口结构，力争在五年之内，将葛店建成支柱产业布局基本完成、环境优美、具备基本城市功能的城市；力争在五年之内，努力将葛店打造成国内生产总值超过 500 亿元、税收超过 50 亿元、人口超过 30 万的中等城市。

“要跳出鄂州看鄂州，把鄂州发展放到武汉城市圈、湖北省发展的大局中来考虑，站在为实施武汉中心城市这一国家战略提供强力支撑的高度，站在建设全省开放开发高地的高度，切实推进武鄂协调发展。”

复兴大桥

现任鄂州市委书记王立说，“随着鄂州机场建设进程加快，葛店开发区已站在最好的历史风口，机遇和挑战并存！鄂州要举全市之力，支持葛店开发区实现二次腾飞！”

蓝图已经绘就，奋斗正当其时。葛店开发区正以“功成不必在我，建功必须有我”的高度紧迫感和责任感，以破釜沉舟、背水一战的决心和毅力，以经济倍增、换道超越的壮志和豪情，上下一心，同力同行，凝聚奋发奋进大气场，大拆大建、大建大变，建设宜居宜业新葛店。

（文／湖北日报全媒记者戴劲松　胡沙岸　图／葛店开发区提供）

双轮驱动增长极

——随州高新区掠影

这里，是“中国专用汽车之都”的中心，拥有“四园二区”；这里，位于随州城区东部，辖区面积305平方千米、规划面积86平方千米、建成区面积近50平方千米，辖区人口近20万人。这里，是国家级开发区——随州高新技术产业开发区（以下简称随州高新区）。

随州国家级高新区

正大食品一景

随州经济开发区成立于2001年4月。2006年3月被省政府批准为省级开发区，2011年6月被省政府批准为省级高新技术产业园区。2014年，省政府批准随州经济开发区更名为随州高新技术产业园区。2015年，随州高新技术产业开发区成功晋升为国家高新技术产业开发区。2018年上半年，随州高新区固定资产投资28.22亿元，增长14.4%；规模工业增加值17.65亿元，增长6.7%；地方公共预算收入3.55亿元，增长20.7%；实际利用外资4510万美元，增长35%。固定资产投资、地方公共预算收入等关键指标增幅位居全市第一。

近年来，随州高新区按照省市决策部署，坚持稳中求进总基调，突出转型升级总导向，双轮驱动，勇当高质量发展“先行者”，全力打造随州市域经济第一增长极。

传统特色产业激活新动能

随州高新技术产业园区交通便利，区位优势明显，是中外客商投资置业的理想场所。园区先后引进了波导电子、武汉健民、青岛啤酒、航天双龙等国内知名企业以及与波导配套的韩国甲乙电子等国际知名企业。随着经济技术的发展，许多行业都在谋求变革，实现新旧动能转换和产能升级，随州高新区的一些企业也不例外。

2018 年 3 月 31 日，齐星集团和三一重工合作的国内首款家庭式重卡首批预售，500 台重卡引来 1 万多人抢购，53 秒即全部售罄，创造了商用汽车行业互联网销售台数和金额的双重纪录；6 月 28 日，第二批 500 台重卡预售引来了近 7 万名卡友参与，46 秒销售一空，成交额超 1.4 亿元，再度刷新纪录。

为何大块头的重卡能变成“网红”？齐星集团董事长徐德介绍说，如今的卡车驾驶室难免让司机觉得枯燥、单调，这款国内首款家庭式重卡，打破传统设计，让卡车有了“房车”的舒适度。

打开这款卡车驾驶室的车门，1.2 米沙发床，360° 旋转副驾座，车载冰箱、微波炉、空调等电器一应俱全，并配备小桌椅板、超大的

齐星集团一角

储物空间，让驾驶室真正有了“房间”的感觉，驾驶员工作起来简单高效又舒适安心。

同时，这款重卡还是一辆“智慧卡车”。通过智能车载终端，驾驶员可实现语音控制、故障自诊断、手机遥控车锁、信息查询、手机互联等功能，车队管理者可通过“指挥中枢”实时查询车辆油耗、GPS路线定位等信息。

“这款车从开发到量产，我们仅用了6个月。”齐星集团汽车车身公司技术部部长李永清说。目前该车已申报6项国家专利，技术领先国内5—6年，达到欧美国家水平。

受到市场追捧，该公司计划这款车3年累计销售10万辆，可新增产值10亿元，利税1.2亿元。

专汽，随州高新区的传统特色产业，齐星集团是其中的佼佼者。“转型升级浪潮中，传统企业不转就是等死，转好了就能激发新动能。”徐德对此体会颇深。

同样成功转型的，还有另一特色产业——香菇产业。2018年7月5日，品源（随州）现代农业发展有限公司首批近20万瓶价值50万美元的香菇酱，装车送往武汉海关，出口到泰国曼谷，掀开了湖北省香菇深加工产品出口海外的新篇章。

“以往，随州香菇主要是直接出口干香菇，产业链条较短。”品源公司董事长罗圆介绍说，“从传统干香菇到香菇酱，精深加工使产品附加值增长30%以上”。目前，该公司正在申请美国FDA（食品和药物管理局）认证，为下一步进军美国市场做准备。2018年，该公司出口预计将超过3000万美元。

此外，正大农业、青岛啤酒等一批传统产业企业纷纷技改扩能。在技改中提高科技含量，加快转型升级，随州高新区传统特色产业启

随州青岛啤酒厂区

动新旧动能转换的强大引擎。2018 年上半年，随州高新区工业技改投入增幅高达 486%。

新型产业频添新活力

随州高新区是发展的热土，是创新的摇篮。

2018 年 7 月，泰晶科技公司与武汉理工大学合作研发的 SMD 微纳米石英晶体封装设备，正式投入生产运行，为企业开发小尺寸微型片式石英晶体谐振器及其他关键装备奠定了坚实基础。

石英晶体谐振器（俗称“晶振”）被称为数字电路的心脏，广泛应用于手机、蓝牙、物联网、车联网等领域。该公司技术中心负责人黄大勇介绍说，随着数字技术不断发展，晶振向小尺寸、低功耗、高稳定性方向发展，小尺寸、高品质的晶振生产关键装备全部依赖进口，封装设备首当其冲。

在泰晶公司，每条生产线上配有两台日本原装进口的 SMD 石英晶体封装设备。由于该设备的关键技术由日本设备商掌控，进口费用高昂，2013年引进时每台最高价格超过500万元，投资占比超过40%。该公司超过20条生产线已进口逾40台封装设备，仅此一项设备难关投入超过2亿元。

为开发更高端的产品，攻克关键装备这一难关刻不容缓。2017年4月，泰晶公司与武汉理工大学合作成立了晶体智能加工装备工程研究中心。武汉理工机电工程学院李刚炎教授带领团队与泰晶科技人员共同攻关，投入500多万元研发资金，历时8个月，封装设备终于研发成功。经磨合试验，自主研发的封装设备效率、精度、合格率、稳定性均接近进口，打破国外垄断局面。

如今，每台封装设备成本预算为150万元，今后计划控制在100万元以内，大大节约了成本。

泰晶科技副总经理单小荣表示，随着关键设备不断实现自主研发，2018年上半年，公司产销量持续增长，多款产品取得联发科等国际国内知名方案商认证，进入了更广泛的高端市场。

在淅河化工产业园，湖北科迪雅公司研发出为锂电池配套的高分子乳液黏结剂，替代进口，目前已完成一期设备安装，即将进行试生产。

一旁的犇星新材料化工产业园内，犇星公司所生产的戊唑醇等产品继续领先行业，成为行业老大，产值将突破15亿元。

2018年以来，随州高新区还启动实施了健民叶开泰智能制造、康美精密线路板、利康医药材料等亿元以上产业项目7个，引进国内知名的孵化器运营商蒲公英旗下企业托管“互联网+创客空间”，大力培育优秀电商企业，不断在变中求进。

电子信息、生物医药、新材料等新型产业不断涌现，随州高新区增添新活力。

产城融合扮靓新景观

一手抓产业发展，一手抓城市基础设施配套，随州高新区持续将产城融合推向深入。

立足武汉开发区随州产业园和随州高校科研院所产业园建设，随州高新区着力拉开府南片区框架，打造武汉“大车都”产业转移和高校科研院所产学研转化平台。如今，3 平方千米起步区路网进入施工图设计阶段，即将全面动工，力争 2018 年年底前项目进驻。

立足现代产业发展、现代城市生活需求，随州高新区着力健全城东片区基础设施、配套设施，万达广场、红星美凯龙、中心医院新院区、漂水郊野公园等重点项目有序推进。

如今，白云大道已形成 13 千米的银杏大道，府河欢乐世界已成为市民欢乐的海洋，即将开建的 600 亩的香妃湿地花海与之连成一线，形成高新区亮丽的景观。

在府河下游，全省最大的翻板闸坝——虹桥闸坝主体工程已经竣工。远远望去，全长 382 米的翻板闸坝如同一条长龙“横卧”水面，坝区水面宽阔，两岸青草荡漾，蓝天白云下，不时有水鸟从水面掠过，

随州高新区全景（徐斌　摄）

"落霞与孤鹜齐飞，秋水共长天一色"，一派生态和谐的自然景致。

当前，虹桥闸坝已经完成竣工验收并投入试运行。翻板闸关闭蓄水，从闸坝往上游9千米，府河、漂水河将融为一体，形成全新的9千米滨水风光带，极大地改善区域生态环境，提升了随州高新区城市面貌和品位。

立足激活淅河镇区"小汉口"优势和"东连西接"节点作用，随州高新区进一步规范化工园区建设，在全市率先实现淅河污水处理厂运营，基本完成马鞍山泄洪渠、云龙小学主体工程，积极推动开工一批路网项目，支撑带动漂水以东地区城市化提速，真正融入主城区。

在淅河镇云龙小学，一栋办公楼和一栋教学楼已经建成，2018年秋招收第一批学生。按照规划，该校将开设48个小学班，可容纳1920人，还建设一所拥有12个班额的幼儿园，可很好地缓解淅河镇适龄儿童入学难题。

在铁北、淅河产业园区，棚户区改造、道路建设等民生工程快速推进。铁北的裕民自建小区和还建小区建成后，将达到2000余户；淅河的中环路东段、政务路、青春路东段等道路即将完成，为产业发展、群众生活打造便利的条件。

产城融合，产业兴城。面向未来，随州高新区提出，将扎实提高产业转型质效，优化供给体系质量；扎实提高空间发展质效，加快产城融合步伐；扎实提高创新驱动质效，增强高质量发展动能；扎实打好"三大攻坚战"，坚决守住发展底线；扎实提高党建工作质效，夯实发展基础，确保各项目标任务全面完成，为随州建成全省特色产业增长极做出新的、更大的贡献。

（文图由湖北日报全媒记者张真真提供）

奋勇开启新征程

——探访仙桃高新区

在江汉平原上，仙桃高新技术产业开发区（以下简称仙桃高新区）品牌魅力势不可挡。

2018年7月1日，总投资50亿元的湖北波顿生物科技产业园项目在仙桃高新区正式开工奠基。项目全部达产后，预计可实现年产值60亿元、创税收5亿元，将成为中部地区最大的香精香料产业基地。

仙桃高新区（原湖北仙桃经济技术开发区）从1991年12月成立，用24年的时间跻身“国家队”，成为湖北省七个国家级高新区的成员之一。2015年，仙桃高新区的发展进入快车道。在仙桃高新区获批的前一年，规模以上企业就达287家，实现产值724亿元，其中高新技术产业产值151亿元。如今，仙桃高新区正焕发出新的活力与魅力。

转型中蝶变　种好“试验田”

仙桃高新区的起点，是一个县级行政区域的“试验田”。27年时间，它经历了怎样的蝶变？

仙桃经济开发区，在最早的规划中，是一个仅占地5.509平方千米的县级经济开发区，2010年经省政府批准为省级高新区。

最初，这里是一片农田。如今，仙桃高新区已拥有生物食品药品产业园、非织造布产业园、华中汽车零部件产业园、电子信息与装备制造产业园、新材料产业园、临空临港循环经济产业园六大专业产业园。

开发区迈向“国家级”，这是仙桃多年的梦想。直到2012年，当地经济版图里主力阵容还是传统产业。

怎样晋升“国家级”？必须进行创新驱动。仙桃200多家企业与华中科技大学、武汉大学等100多所高校院所建立合作关系，25名院士与仙桃企业开展技术合作……

截至2015年高新区获批，仙桃高新区已建成1家国家级生产力促进中心、2家省级生产力促进中心、12家省级企业研发中心、2家博士后创新实践基地、3家院士专家工作站，园区80%以上规模工业企业组建了内部研发机构。

在仙桃，一个开放、专业、低成本的创业平台和信息交互平台已经启动，大众创业、万众创新进入新阶段。

小米科技创始人雷军在仙桃建设全国第19家小米之家、我国节能燃烧技术领军人吴道洪博士创建湖北神雾公司……众多仙桃籍高端人才回乡创业，创新创业快速升温。

115名本土在外高层次人才是一笔宝贵资源。仙桃市委、市政府每

仙桃城区鸟瞰图

年投入超过3000万元，实施“江汉英才计划”“双十双百双千”精英培育工程等。

据统计，截至高新区获批，全市高新技术产品达到110个。2015年前三季度，全市高新技术产业增加值增长31.7%。

六大产业园　筑牢经济底盘

从一个规划面积只有5.509平方千米的经济开发区，到中部六省瞩目的国家高新区，有多少“仙桃故事”在这段历程中浮沉？仙桃高新区，凭借其实力出众的六大产业园，筑牢仙桃经济发展的底盘。对更多的仙桃人来说，“梦圆国家级”是一个新的起点，它激励着仙桃人努力实现自己的梦想。

1.仙桃生物食品药品产业园

代表企业：加多宝、旺旺、中粮集团、东方天琪、科伦药业、拓朋药业、诺得胜药业、盛通药业。

园区特色：仙桃生物食品药品产业园依托武汉国家生物产业基地仙桃生物产业园、国家农产品加工示范园，加强区域协同创新，引进和培育了一批特色鲜明的生物企业。生物医药领域推动人血清白蛋白

等新结构、新机制的生物分子创新药物研发和产业化；生物农业领域推进黄鳝、油菜、大米等动植物良种的选育和推广，加快高效无毒型鱼药、兽药等研发和规模化生产；医疗器械领域发展大输液软袋、注射剂包装盒产品配件、医用手术防护服等，培育发展小型化、便携式家用型医疗设备；健康食品领域创新生产工艺，大力扩大多功能营养食品、休闲食品、杂粮食品，扩大功能饮料、活菌性含乳饮料等饮料生产规模。

实力指数：一大批食品饮料、生物医药企业在仙桃高新区扎堆发展，一批具有高知名度和影响力的品牌企业相继登陆，仅食品加工领域就集聚驰名和著名商标企业 27 家，成为全国唯一的“中国食品加工名城”。

2.非织造布产业园

代表企业：新发塑料、恒天嘉华。

园区特色：280 家企业在材料环节采用先进生产工艺和技术，重点发展 PET 纺粘法非织造布、熔喷法非织造布、水刺非织造布、针刺非织造布等，探索发展血液过滤、高性能的医用过滤等高附加值及满足特殊领域需求的非织造布；在制品环节，重点发展手术衣、防护服、消毒包布等医用防护制品，培育发展工业领域过滤材料、绝缘材料、太空棉、保湿隔音材料，以及面向农业的育秧布、灌溉布、保湿幕帘等多功能性制品；在生产装备环节，引进消化吸收国际先进技术再创新，加强开展非织造布关键生产设备技术攻关，发展高性能成网机、热轧机、卷绕机、分切机等，提升成套设备制造能力，运用在线检测、自动分切、自动分拣等先进技术，提升装备数字化、网络化、智能化水平。

实力指数：全国唯一的“中国非织造布名城”。

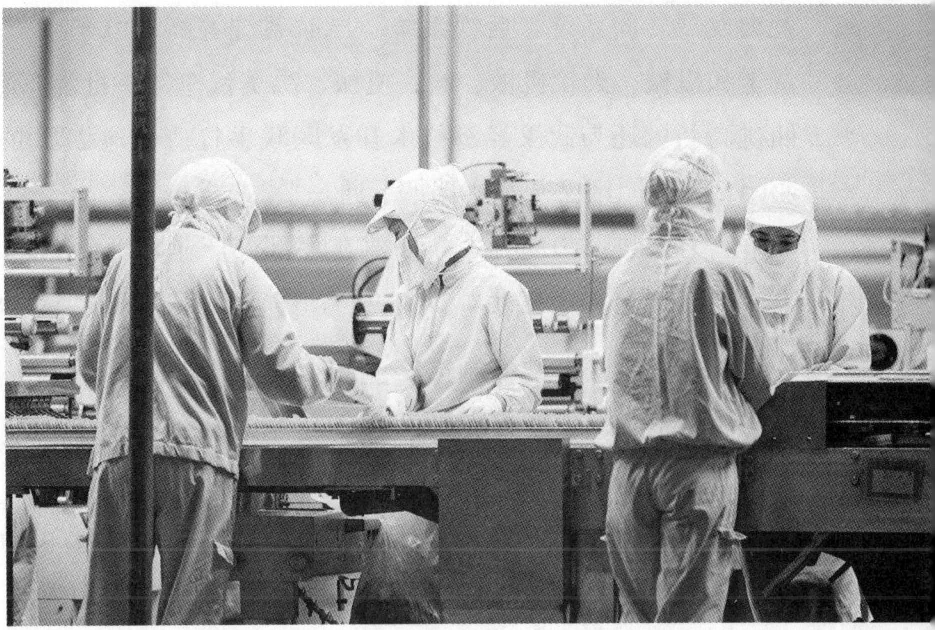

食品企业生产线

3.华中汽车零部件产业园

代表企业：富士和机械、天轮机械、八一机械、中天机械、禹美汽车。

园区特色：面向国际、国内市场，推动汽车零部件产业内部整合、重组，引导研发、产业资源向优势企业集中，提升智能化水平，重点开发制动系配件、行走系配件、汽车电子配件等领域，推动企业集聚发展。制动系配件领域依托仙桃高新区刹车片、刹车盘优势，推动无铜刹车片规模化生产，重点培育刹车鼓、压缩机、真空加力器、制动分泵、制动总泵等制动部件。行走系配件领域加快东风汽车车架、车轴、商用车配套项目建设，重点发展汽车轮毂、轮胎、前桥、后桥等产品。汽车电子配件领域提升车载导航引擎、车载通信等领域市场占有率，大力发展转向系统、后视系统、导航系统等高端电子系统。涌现出了富士和机械、天轮机械、八一机械、禹美汽车等一批汽车零部件企业。仙桃高新区还与武汉经济技术开发区联手打造占地2万亩的龙华山工业园，目前园区已基本实现“七通一平”。

实力指数：2014年，华中汽车零部件产业园培育规模以上企业48家，产值达158.31亿元。

4.电子信息与装备制造产业园

代表企业：健鼎电子、康舒电子、蓝科光电、神雾热能、衡德环保、南方路机。

园区特色：在新型元器件领域，攻克高密度互联印制电路板、柔性多层印制电路板、特种印制电路板关键技术，大力发展HDI（高功率密度逆变器）板、芯片载板、石英晶体谐振器、晶体滤波器等，重点推动高端LED光源器件封装、LED路灯系统设计等领域发展；消费电子领域，加快发展个人电脑、智能手机、数码相机、三网融合设备、网络电视及相关配套产品，培育发展数字家庭产品和系统；汽车电子领域，大力发展导航系统、通信系统、转向系统、后视系统等中高端电子系统，培育发展多媒体娱乐、智能通信系统等车载电子。加快连续回转蓄热式空气预热器、蓄热式燃气锅炉、“WDM法”、城市生活垃圾综合处理成套设备和系列路面处理成套设备等高端装备研发与实现产业化，探索研发化石能源、矿产资源与可再生资源等领域核心装备。

实力指数：截至2014年，电子信息与装备制造产业园培育规模以上企业35家，产值达157.81亿元。

5.新材料产业园

代表企业：中星电子、湖北新蓝天、猴王焊材、瑞阳汽车、亚通塑胶。

园区特色：推进高端装备用钛材、钛合金、钛功能材料、钛复合材料等技术研发和产品生产，大力发展二氧化钛、海绵钛等电子级钛材料，推动高纯度钛酸钡、超细二氧化钛等电子基础粉体材料的规模化生产，建成我国最大的钛电子材料生产基地；巩固提升有机硅交联剂、偶联剂、LED有机硅新材料等产品性能，向医疗级、电子级、太阳能级有机硅延伸，推动高性能硅橡胶产业化。猴王焊材是高铁车辆、新一代海军舰艇、石油储备装量等钢材专用焊丝生产企业，瑞阳汽车“摩擦一号”陶瓷材料达到国际先进水平。绿色家园生产的苯甲酸苄脂、苯甲醇系列产品、慧狮塑业生产的亚光压纹胶带基材系列薄膜、仙隆化工生产的高效低毒杀菌剂腈菌唑原药、仙磷化工生产的乙醇胺、亚通塑胶生产的超高分子量聚乙烯大口径特种耐磨管材、环宇化工生产的沥青路面防水抗油剂、RTV–II新型建筑防水硅橡胶、盈科威尔生产

中国台湾健鼎先进的生产车间

中星四氯化钛生产线

的环保型 Ph03 胶印轮转油墨等全部列入省级新材料目录。

实力指数：截至 2014 年，新材料产业园培育规模以上企业 14 家，产值达 43.08 亿元。

6.临空临港循环经济产业园

代表企业：格林美、华润热电。

园区特色：以格林美为代表，推动报废汽车、废旧家电、电子废弃物等城市矿产报废资源的循环再利用，采用钴镍废料生产超级钴粉、超细镍粉，探索废弃物手机、循环产品再造、替代进口产品的循环利用模式。以华润热电为代表，推行热电联供新模式。

位于长埫口镇的国网通航华中基地仙桃通用机场，2017 年 8 月 1 日获得省发改委核准，是湖北和中南民航局第一个按规范流程和标准建设的投资最大、功能最全的通用机场，首期项目投入1.6亿元。眼下，项目主体工程和配套工程均已基本完工，进入验收准备阶段。

仙桃通用机场可容纳8架至10架直升机停放，具备航空器维修保养、应急救援、中转调机功能，作业范围覆盖湖北、湖南、江西、河南等省，可有力支撑华中地区特高压电网和航空产业的发展。

与此同时，长荆铁路仙桃货运站、年吞吐量达200万吨货运综合码头正在加紧建设中。

实力指数：2014年，循环经济产业园培育规模以上企业17家，产值达15.76亿元。

曾以沔阳命名的仙桃，沔商群体正引领着一股新的浪潮。无论是"互联网+"创业，还是在新技术领域的突破，沔商精神和仙桃城市精神高度契合，共同改写了城市发展格局。仙桃人坚信：作为国家级开发区的荣耀与责任，必将让仙桃高新区活力迸发，书写出一个又一个创新创业的"仙桃故事"。

（文图由湖北日报编辑部提供）

宜昌“智造”新高度

——宜昌高新区发展纪实

国内最大的麻醉药品生产企业人福药业，将具有自主知识产权的麻醉药品——枸橼酸芬太尼注射液技术，转让给印尼企业，实现我国麻醉药品技术出口“零”的突破；

掀起“厨房革命”的安琪酵母，营收近57亿元晋升亚洲第一、全球第三，让宜昌“智造”在世界“发酵”；

世界上每7台钢琴，就有1台产自宜昌。柏斯音乐集团以年产7万台钢琴的产量跃升为全球钢琴制造前三强……

在宜昌国家高新技术产业开发区（以下简称宜昌高新区），围绕高质量发展，一个个精彩跨越的故事层出不穷。

始建于1988年的宜昌高新区，在经济技术开发区基础上逐步发展起来，30年来，抢抓机遇进位争先，从“自费”开发区白手起家，不断实现跨越发展。2017年在全国168家高新区中排名第63位，在中部42家高新区中排第11位，在长江沿线27家高新区中排第10位。

三十而立。如今的宜昌高新区，正面临着新的发展机遇，在新时代新征程上，“一带一路”、长江经济带、国家级高新区、自贸片区建设四大国家级战略在宜昌高新区叠加，宜昌高新区引燃高质量发展的引擎，开启了一个蓬勃发展的新春天。

"30年创业"苦干出7个国家级

1988年，宜昌开发区的创业者们靠5万元起家，在一片荒芜之地奇迹般地创办了湖北省第一个自费开发区。当时宜昌开发区规划面积11.2平方千米，起步区2.16平方千米。最大的困难就是资金短缺。当时，宜昌市政府拨给开发区管委会5万元开办费和50万元启动资金，鼓励开发区自费开发、滚动发展。早期的创业者凭着一腔热情，他们在荒芜贫瘠的山包上精心耕耘，采取多渠道融资，调动各方面的积极性，以及开发性征地、兴建新村点等办法，3年里共筹措资金2947万元，用于基础设施建设。如今，开发区基础设施等建设总投入达1.19亿元。

2004年7月，为突破传统开发区发展模式的限制，宜昌对经济开发区和猇亭开发区的资源进行整合，组建新的宜昌开发区，下设东山园区和猇亭园区，并率先在湖北省创立了跨行政区域的"一区多园"

山那边崛起一座城（张晓霞　摄）

管理体制。2007 年 4 月，湖北省政府批准宜昌开发区在枝江市白洋镇设立白洋工业园区，重点发展重工业、化工产业，宜昌开发区发展空间进一步拓展。2008 年 7 月 3 日，宜昌在全省首建湖北深圳工业园，成功搭建了承接珠三角等沿海发达地区产业转移的重要平台。2010 年，武汉国家生物产业基地宜昌生物产业园和电子信息产业园的“加盟”，让宜昌高新区的羽翼更加丰满，综合实力跃居全省同类开发区前列。2010 年 12 月，经国务院批准，宜昌高新技术产业园区成功升级为国家高新技术产业开发区。2017 年 4 月获批挂牌建设宜昌自贸片区。

30 年来，这里建成国家高新区、长江经济带国家级转型升级示范区、国家新型工业化示范基地（军民融合）、国家中西部加工贸易梯度转移重点承接地、国家创新型特色园区、国家循环经济试点园区、国家科技兴贸创新基地和湖北省海外高层次人才创新创业基地等 7 个国家级园区。

从这里，“宜昌制造”搭乘“宜汉欧”班列与世界直接连通。30 年，从一个园区 11.2 平方千米，到“一区六园”335 平方千米，从江北到“一江两岸”，宜昌高新区横跨 6 个市区，一片雄伟壮观的高新技术产业群在这里悄然崛起。

“放管服”改革营造“3 个最”

“放管服”改革作为新形势下全面深化改革、扩大开放的重要举措，不断向纵深推进，着力打造成本最低、效率最高、服务最优的国际一流营商环境。

2018 年以来，宜昌高新区深入推进以“一窗通办、集成服务、六多合一”为核心的“放管服”改革，先后推出“一窗通办、一办到底”“相对集中行政许可权”，出让制度、投资项目承诺制等改革试点，确保企业注册登记不超过3个工作日、不动产登记不超过5个工作日、报建项目审批时限不超过50个工作日。

在宜昌投资的多家企业均表示，明显的变化是准入门槛低了，办事方便了，跑腿少了，效率大大提高了。

聚焦“三准”——降低准入门槛、提高准营效率、压缩准建时限，强力推进“放管服”改革。例如，2018年宜昌高新区（自贸片区）全面推行外资企业设立商务审批和工商登记一口式，实现外资设立商务审批和工商登记“一窗受理、联合审批、统一出件”，外商投资企业审批时限压缩到2个工作日。全面实现工商登记全程电子化，实现“一部手机办企业”。全面推行企业注册经营场所信息申报制和集群注册，工商登记不再需要提供地址证明，放宽企业注册地址限制，市场准入门槛和投资成本不断降低。

此外，扎实推进“证照分离”改革试点，取消药品异地广告备案等4项涉企经营许可事项，将50平方米以下小型餐饮经营许可由审批改为备案，将电影放映单位设立、变更业务范围审批等16项许可简化审批实行告知承诺，相关企业准营时间压减30%以上。以为老百姓办成一件事为目的，大力推行集成服务政务服务模式，提供一站式、一条龙服务，让老百姓办事“一目了然、一窗受理、一套流程办到底”。

“双向开放”建设长江经济带核心腹地

在产业转型升级过程中，宜昌高新区坚持开放开发战略，引导企业快速融入国际高端产业链条，鼓励企业在品牌经营、市场拓展、技术研发等方面与国内外企业开展全方位合作。

柏斯音乐集团在大力发展民族品牌“长江”钢琴的同时，分批收购了德国高天、威廉史丹堡、劳立斯等国外乐器公司，吸取国际先进技术。为了提升产品水准，柏斯音乐集团每年投入1000万元研发费用，成立了共253人的科技研发团队，其中有40余名是来自德国、奥地利、日本等国从事钢琴设计研发的专家。2017年，柏斯音乐集团实现销售收入30多亿元，乐器综合零售市场占有率达全球市场的11%以上。“从2007年的年产8000台，到2018年的年产7万台钢琴生产计划，我们不仅用生产速度为‘宜昌制造’代言，还希望通过品质领先制定全球钢琴生产的‘宜昌标准’。”柏斯音乐集团总裁吴天延说。

加强国际产能合作，开通“宜汉欧”国际铁路货运班列，打通宜昌至欧洲陆上丝绸之路国际贸易大通道，“宜汉欧”班列到达汉堡相比海运节省时间超过20天。积极融入“一带一路”，科力生集团在哈萨克斯坦建设的东方之门工业园区入园项目总投资达100多亿元，安琪集团、黑旋风锯业、柏斯音乐集团在埃及、俄罗斯、泰国、德国等地项目发展势头强劲，为三峡区域同“一带一路”沿线国家开展产能、资源合作搭建了良好平台。

作为具有全球影响力的内河经济带，长江经济带横跨我国东、中、西三大区域，给处于长江沿岸的宜昌带来了巨大的发展机遇。目前，宜昌高新区正加快实施开放战略，鼓励高新产品“走出去”，促进优质国际资源“引进来”。依托长江黄金水道，宜昌已整合白洋港、三峡机场等口岸资源实现江海联运，建设以港口物流为核心的千亿级现代服务产业集群。一个大型电商产业园正在建设中，宜昌高新区搭建起跨境电商综合服务平台，引导300—400家电商企业入驻，预计年交易额可达50亿元。

宜昌高新区党工委书记、管委会主任、宜昌自贸片区管委会主任汪元程表示，“下一阶段，我们将立足宜昌实际，找准片区定位，放大自贸效应，向改革要动力、要活力，着力推动绿色发展、有序发展、

柏斯音乐集团旗下首家海外旗舰店开业

高质量发展，打造内陆开放发展新高地”。

创新驱动崛起五大新兴产业群

在长江大保护发展中，宜昌高新区是实现动能切换的前沿阵地。宜昌高新区已改变传统“磷化工独大”的产业格局，迅速形成生物医药、电子信息、新能源新材料、高端装备制造和现代服务业五大战略性新兴产业集群，2017年高新技术产业产值占工业总产值的比重达72.3%，主导产业中形成了5个全球第一、4个亚洲第一、3个全国第一和一批国内领先，培育了全球最大的金刚石锯片基体生产出口企业黑旋风锯业、全球七大钢琴生产基地之一柏斯音乐集团、亚洲最大的活性干酵母研发生产企业安琪酵母、亚洲唯一的全系列和最大插齿机和铣齿机研制企业长机科技，以及全国最大的麻醉药品生产企业人福药业等一批行业龙头，形成了两个百亿元产业，建成东山园区、生物产业园两个百亿元园区。

“大企业顶天立地、小企业铺天盖地、高新技术企业抢占发展高地”的发展格局正在形成。宜昌高新区大力实施规模以上企业倍增、创新型企业培育和上市企业培养“三大”工程，全区共培育区级创新型企业255家、市级创新成长工程试点企业140家、省级创新型企业10家、国家级创新型企业5家、国家级知识产权优势企业4家；高新技术企业达到219家，占规模以上工业企业数的79.1%，位居全国前列；高新技术产品达158个；国际国内产业细分领域的单项冠军企业43家。

坚持实施创新驱动发展战略，紧抓科技创新体系建设、创新主体培育以及创新要素集聚三大重点，推动科技成为高质量发展第一动力。力争到“十三五”期末，全区国家级孵化器达到5家、国家级众创空间达到10家，国家级企业技术中心达60个、国家级重点实验室40个，博士后科研工作站和院士工作站20个，创新型突出人才500人，全区发明专利申请量达到1000件以上，科技含量高、成长性好的在孵企业达到1000家，国家高新技术企业总数达到300家，建成国家级双创示范基地和第一批国家级双创升级园区。

（除署名外，文图由宜昌高新区提供）

后记

在全国上下纪念改革开放40周年这样一个特殊的时间节点，真实记录、生动书写湖北省19个国家级开发区的光辉历程和非凡成就，来表达对改革开放的礼赞和敬意，是我们谋划已久的大事。

无论是对于国家，还是对于地区，无论是对于群体，还是对于个人，改革开放的意义都非同寻常。40年前，中国人民在中国共产党的领导下，凭着一股闯劲和韧劲，逢山开路、遇水搭桥，成功走出了一条具有中国特色的社会主义道路，开创了一个伟大的时代，缔造了无数伟大的奇迹。在这幅波澜壮阔的历史画卷中，荆楚儿女留下了浓墨重彩的一笔。湖北省国家级开发区的获批成立、建设和发展，恰恰是荆楚儿女在改革开放大潮中敢闯敢干、努力拼搏、大胆创新、不断超越，取得伟大成就的最好见证。

《荆楚开发区巡礼》聚集湖北省19个国家级开发区，从湖北第一家开发区如何成立，到习近平总书记2018年再次视察光谷；从2006年湖北千亿元产业仅有1个，发展到2016年17个；从2011年高新技术产业增加值2325.9亿元，到2017年壮大到5900亿元……湖北省各级开发区创造了一个又一个奇迹。40年的改革开放，不断助推湖北创新发展，深刻改变了湖北经济社会的面貌。回顾湖北省国家级开发区的发展历程和取得的杰出成就，从某种程度上讲，就是从一个侧面总结湖北40年的改革发展经验，这将有力推动湖北在新的征程上，进一步解放思想，全面深化改革，激励广大荆楚儿女为湖北全面建成小康社会，“建成支点，走在前列”而努力奋斗。

《荆楚开发区巡礼》从选题策划到成稿，历时一年。全书内容丰富，涉及面广，时间跨度长，统筹难度大，该书的出版，得到湖北省委宣传部、省发改委的大力支持，得到19个国家级开发区的全面协助。湖北日报传媒集团领导高度重视此书出版工作，集团多部门协作、各地市州分社和驻站记者倾力支持，也为本书顺利出版提供了有力保障。各开发区相关工作人员对我们采访及编辑工作提供了诸多帮助，在此一并表示感谢！

编　者

2018年10月